Antonio Mira de Amescua

Los carboneros de Francia

Edición de Vern Williamsen

Barcelona **2024**
Linkgua-ediciones.com

Créditos

Título original: Los carboneros de Francia.

© 2024, Red ediciones S.L.

e-mail: info@linkgua.com

Diseño de cubierta: Michel Mallard.

ISBN rústica: 978-84-9816-108-3.
ISBN ebook: 978-84-9897-585-7.

Sumario

Brevísima presentación

La vida

Antonio Mira de Amescua (Guadix, Granada, c. 1574-1644). España.
De familia noble, estudió teología en Guadix y Granada, mezclando su sacerdocio con su dedicación a la literatura. Estuvo en Nápoles al servicio del conde de Lemos y luego vivió en Madrid, donde participó en justas poéticas y fiestas cortesanas.

Personajes

Carlos Magno
Conde de Maganza
Almirantede Francia
Ricardo, emperador
Baruquel
Zumaque
Lauro
Luis, infante
Aurelio
Florante
Teodoro
La reina Sevilla
Gila
Blancaflor
Soldados
Música

Jornada primera

(Suenan clarines y atabales y salen el almirante y Blancaflor, su hermana, con mascarilla pendiente de un lado del rostro.)

Almirante   Blancaflor, ¿qué novedad
es ésta? Cuando venimos
a París, la que compite
en majestad y edificios
con Roma y Nápoles, vemos
en públicos regocijos
la gran ciudad, y la causa
ni la entiendo ni adivino.
Varios instrumentos suenan,
galas no ordinarias miro,
y no hay monsiur que no lleve
un fénix gallardo y rico
por penacho en su cabeza.
En los balcones y nichos
se previenen luminarias
para que dé el artificio
competencia a la noche
con el día.

Blancaflor   No imagino
la ocasión de tantas fiestas.

Almirante   ¿Si es admirable prodigio,
con que el cielo corresponde
a la intención que has traído
de ver a Carlos?

Blancaflor   No soy
tan dichosa yo.

Almirante   En los signos
                    celestes, cuando naciste
                    —si la ciencia y el juicio
                    de los hombres no se engañan—
                    matemáticas peritos
                    hallaron que has de ser
                    reina de Francia. Sobrinos
                    somos de Carlos. ¡Qué mucho!
                    Hijos no tiene. En el hijo
                    castigó, como Trajano,
                    la muerte de Valdovinos,
                    y ya en madejas de nieve,
                    haciendo el tiempo su oficio,
                    mira pendiente la barba
                    compitiendo con un siglo
                    su dichosa edad. Pudiera,
                    aplicando los sentidos
                    y afectos de tu hermosura,
                    querer casarse contigo.
                    Por esto, hermana, por esto
                    a la corte te he traído
                    a que la mano le beses;
                    porque los cielos divinos
                    no en balde te dan belleza,
                    poca edad y airoso brío.
                    Y cuando ellos te negasen
                    sucesión, aumentos míos,
                    te llevarán el cuidado,
                    dando a mi dicha principio;
                    que pudieras persuadir
                    a Carlos Magno mi tío
                    me nombrase sucesor
                    del cristiano y del antiguo

reino de Francia, de quien
soy Almirante. Designios
son los nuestros bien fundados;
no son vanos ni exquisitos
pensamientos, que en los aires
trepan a su principio.
Aplica al uso francés
en el rostro, que a Narciso
más que su imagen matara,
la mascarilla, que he visto
venir los Pares de Francia
hacia acá.

(Pónese la mascarilla.)

Blancaflor   Y aun imagino
que Carlos viene con ellos.

Almirante   Fortuna, si bien me quiso
tu condición inconstante,
agora, agora te pido
que al Amor hurtes las flechas
si no te las presta él mismo.

(Salen Carlos Magno, emperador, y caballeros todos galanes.)

Déme vuestra majestad
su mano.

Carlos   Almirante, amigo,
en alas de mi deseo
puedo decir que has venido,
pus cuando darte quería
de mis intentos aviso,

11

o mi fortuna o tu amor
el cuidado me previno.
¿Quién es aquella madama
que acompañáis?

Almirante   Señor mío,
Blancaflor, mi hermana. Llega
al rendimiento debido
al supremo emperador
del mundo.

(Derriba la mascarilla.)

Blancaflor   Turbada miro
la cesárea majestad
a quien humilde suplico
me dé la mano.

Carlos   Sobrina,
aunque viejo, no me olvido
de ser galán, y bien sé
que han de ser los brazos míos
lo que yo os tengo de dar;
y de la vejez recibo
esta licencia. No fuera
tan descortés y atrevido
siendo joven, claro está.

(Abrázala.)

Almirante   (Amor, gallardo principio
das a mi industria. Prosigue,
y flechas de fuego vivo
enciendan la riza nieve

12

de su pecho.)

Carlos

       Cuando admiro
la singular hermosura
que el cielo pródigo y rico
dio a Blancaflor, mi silencio
es retórico artificio.
Mudo alabo esta belleza,
mudo esta deidad estimo.
Mas, ¿qué elocuencia bastara?
Sobrina, callando digo
mucho más.

Blancaflor

       Soy vuestra esclava.

Carlos

El secreto regocijo
de París y de mi pecho
agora pienso deciros.
Escuchad, parientes.

Blancaflor (Aparte.)   (Si es
el corazón adivino,
reina de Francia soy ya.
Rayo mi hermosura ha sido.)

Carlos

Por la muerte de Carloto...
(¡Ay, qué funesta principio!

(Aparte.)   Pero habiendo sido justa,
mal me enternezco. Prosigo.)
...quedando sin heredero,
pasé a mi edad que por siglos
puede numerarse agora,
cuando tanta nieve miro
en esta barba pendiente,

13

si bien el heroico brío
de mi juventud lozana
y el generoso y altivo
vigor permanecen siempre,
murieron, que así lo quiso
el cielo, mis doce pares,
por quien los franceses fuimos
asombro de los humanos,
famosos desde los rizos
cabellos del alba hermosa,
hasta el sepulcro más frío
del Sol en el occidente.
Bien es que testando vivos
sus hijos, dirá la fama
de los franceses lo mismo.
Yo, pues, que a los largos años
con el ánimo resisto,
viéndome sin heredero,
que es natural apetito
de los reyes, he tratado
—¡Oh, cuán alegre lo digo!—
de casarme con Sevilla,
más que humano ángel divino,
hija del grande Ricardo,
el poderoso y el rico
emperador del oriente.
Por embajador envió
al hijo de Galalón,
mi cuñado, y solicito
con dicha mi casamiento,
pues fácilmente consigo
mis deseos, porque el conde
de Maganza también hizo
su embajada, que a Marsella

con la desposada vino.
Esto, amigos, hasta agora
de mis labios no ha salido;
que a veces el pecho humano
es oscuro laberinto.
Fui secreto a recibirla;
las manos allí nos dimos.
Y una quinta de un jardín
—dije jardín, paraíso—
fue de mis alegres bodas
tálamo verde y florido.
Diez días en ella estuve,
y a la santa que es asilo
de pecadores, aquella
que lavó a los pies de Cristo
sus culpas, humildemente
un sucesor he pedido.
Víneme a París a donde
solemnidades previno
mi cuidado, porque sea
día famoso y festivo
el de su entrada. Ya llega.
Ya mis secretos publico;
ya soy fénix remozado,
y ya pienso que eternizo
mi imperio. No os espantéis,
vasallos, deudos y amigos,
de que en la vejez me case;
que esto de muchos se ha visto
y tal vez vimos un hombre
a la palma parecido,
que en arrugadas cortezas,
cargada de años y siglos,
si en la juventud estéril,

da los pálidos racimos
de su fruto. En la vejez
forma el águila su nido
y sus hijuelos alienta
con más calor, con más brío.
Y no siempre la consorte
del que es anciano marido
imita a la verde hiedra
que derriba el edificio.
No siempre parece al mar
que el movimiento continuo
de las olas va venciendo
la eternidad de los riscos.
Aguila, mar, hiedra, palma
en lazos de amor tejidos,
imitan hoy maridajes
de diamantes y jacintos.
Hoy a la reina Sevilla
en la corte recibimos.
Hoy llega el Sol del oriente
hasta el polo de Calisto.
Hoy Carlos, el que de magno
el renombre ha merecido,
de nuevo se ve triunfando
en dichoso regocijo.

Almirante (Aparte.)   (Desvaneció nuestro intento.)

Blancaflor (Aparte.)   (Tarde, Almirante, venimos.)

Almirante   Gran señor, la enhorabuena
te doy alegre, aunque envidio
al hijo de Galalón,
conde de Maganza. Mío

pudiera ser el favor
de haber a Francia traído
al Sol de Constantinopla.
Mucho la estimáis. No fío
en hijos de Galalón.
¡Quiera Dios...!

Carlos   Basta, sobrino.
¿Cómo murmuráis así
del hombre que más estimo?

Almirante   Dije mal, señor, perdone.

Carlos   No me espanto; que enemigos
fueron vuestros padres. Ya,
salgamos a recibirlos.

(Tocan. Vanse y salen el conde de Maganza, la reina Sevilla, Teodoro, de camino, y criados.)

Conde   Mi señora, cerca estamos
de la ciudad de París,
donde eres ya flor de lis
que con respeto adoramos.
Esta flores, estos ramos
que ponen treguas amenas
entre las rubias melenas
del Sol, y esta clara fuente
cuyo cristal transparente
da silvestres azucenas,
serán rústica floresta,
mientras al mar español
se va despeñando el Sol,
y pasa la ardiente siesta.

Vecina montaña es ésta
a la metrópoli y corte,
donde a tu regio consorte
has de coronar la frente
cuando vienes del oriente
a las provincias del norte.

Reina   Conde, aunque llegar deseo,
y quiere mi honesto amor
ver a Carlos, mi señor,
que es el último trofeo
de mi esperanza, ya veo
que con los rayos que tiende
el Sol, abrasa y ofende,
teniendo, aunque es verde mayo,
una flecha en cada rayo
con que los montes enciende.
    Pasemos en hora buena
la siesta aquí.

Conde (Aparte.)   (Dame, Amor
atrevimiento y valor
para declarar mi pena;
ya que mi desdicha ordena
que esta griega bizarría
confunda en el alma mía
el discurso y la razón.
Hablemos, que en la ocasión
el respeto es cobardía.)
    Vosotros podéis bajar
a ese valle a coger flores
que los celestes colores
del iris han de envidiar.
Pues sobre ellas ha de estar

la reina nuestra señora.
Si reposar quiere agora,
sembrad aquí flores bellas;
porque parezcan estrellas
en los campos del aurora.

Teodoro   Vamos.

(Vase Teodoro con los criados.)

Conde (Aparte.)   (Echélos de aquí
para gozar la ocasión.
Animo, pues, corazón.
Temblando estoy. ¡Ay de mí!
Otras veces me atreví
y cuando ya el pensamiento
entre la voz y el aliento
salió del alma y llegó
a los labios, se turbó
desvanecido en el viento.
   Pero agora no ha de ser
cobarde Amor de esta suerte.
Venga la vida o la muerte,
alegre me he de perder.)
Presto, señora, has de ver
a la primavera hermosa
junto al invierno.

(Estará la Reina sentada y recostada, y salen Lauro, Viejo, Gila y Baruquel, carboneros.)

Lauro   ¿Qué cosa
puede impedir que veamos
nuesa reina cuando estamos

	en ocasión tan dichosa?
	¡Pardiobre, que la he de ver!
Baruquel	Yo también, si antes no ciego.
Conde (Aparte.)	(Bella deidad, fénix griego,
	hermosísima mujer,
	helarme siento y arder.
	¡Oh, qué rústicos tiranos!)
	¡Ah, rústicos! ¡Ah, villanos!
	Mal os haga Dios.

(De rodillas.)

Lauro	A veros
	llegan estos carboneros,
	que aunque tiznan, son cristianos.
	Necio estoy. Tú sabes más
	y eres más desvergonzada.
Gila	Señora... ya estoy turbada.
Baruquel	La primer mujer serás
	que tuvo empacho jamás.
	Señora, vuestra ventura
	os trae por esta espesura.
	Vete, Gila, mientas hablo,
	que me pareces al diablo
	si estás junto a su hermosura.
	Digo, señora suprema
	de Francia, que desde aquí...
	¿Todavía estás aquí?
Gila	¿Conmigo tienes la tema,

y estás turbado?

Conde (Aparte.)   (Si es tema
la desdicha.) ¡Ea, dejad
que duerma su majestad!

Reina   Déjalos; que me entretengan.

Conde (Aparte.)   (¡Qué estos carboneros vengan
a impedir mi voluntad!)

Baruquel   Señora, pues va a reinar,
remediar podrá mil cosas.
Las que no fueren hermosas
salgan luego del lugar.
Mande también azotar
cien despenseros si vive.
Prive de oficio y reprive
tres pícaros cegarrones
que pregonan relaciones,
y ahorque a quien las escribe.
No olvide a los taberneros,
así Dios les dé ventura.
Uno hay que se llama el cura,
porque cristiana los cueros.
Yo le vi entre dos enteros.
A uno dijo, estando él solo,
«visbaptizaré» y probólo.
Era fuerte, ardió la fragua
y zampóle luego el agua
respondiendo él mismo, «volo».

Conde (Aparte.)   (¡Qué sufro, ardiéndome yo,
a estos hijos de estas peñas!)

(Hácelas señas que se vayan.)

[...]

Gila   No queremos irnos, no.

Baruquel   Pues que licencia nos dio
su majestad para vella,
no la cansemos.

Gila   En ella
mucha gracia y beldad vi.

Lauro   Ya nos vamos, Malgesí.

(Vanse los carboneros.)

Conde (Aparte.)   (¡Favorézcame mi estrella!
       Esta vez me determino.)
Reina, si un grave deseo...

(Sale Zumaque.)

Zumaque   Malpariré si no veo
la reina que va camino.
       También madre me ha parido.

Conde (Aparte.)   (¡Otro estorbo! ¡Vive Dios!
¡Qué tengo...!)

Zumaque   ¿Cuál de los dos
es la reina?

Conde (Aparte.)   (¡Qué ha venido
                     este monstruo a deshacer
                     ocasión tan dulce y clara!)

Zumaque   Éste tiene mala cara,
                     aquélla debe de ser.

(De rodillas.)

                        Oigame; que hablarla quiero,
                     aunque so tonto, en juicio.
                     Aquí tiene a su servicio
                     este pobre carbonero.
                        Cara tiene matizada,
                     colorada y amarilla,
                     como se llama Sevilla
                     puede llamarse Granada.

Reina   ¡Qué sencillez! ¡Qué ignorancia!

Conde (Aparte.)   (¡Flechas tirándome está!)

Zumaque   ¿No han sonado por allá
                     los carboneros de Francia?

Conde   Vete, bárbaro.

Zumaque   No soy
                     barbero, ni en mi linaje
                     rapó nadie.

Conde (Aparte.)   (¡Qué un salvaje
                     me impida! ¡Rabiando estoy!)

Reina	¿Y cómo te llamas, di?
Zumaque	Mal, señora, preguntó, que nunca me llamo yo, otros me llaman a mí.
Reina	¿Y es tu nombre?
Zumaque	¿Cuál, el mío? Zumaque, nombre es de pila; mi prima se llama Gila. Lauro se llama mi tío, y mi hermano Baruquel.
Conde	Vete, que nos das calor.
Zumaque	Pergeño tiene traidor. Señora, guárdese de él.

(Vase Zumaque.)

Conde	Amor, pues que ya se han ido dame dicha y osadía; si dicen que es tiranía la beldad porque ha vencido el alma que libre ha sido con potestad rigurosa; cuando algún amante osa decir su pena a su dama, no es la culpa de quien ama sino de quien es hermosa. Y, pues, lenguas mudas son los ojos en el amante, que dicen con el semblante

las ansias del corazón,
si yo en alguna ocasión,
después, señora, que vi
tu hermosura, descubrí
con los ojos mi fe pura,
culpa tu gran hermosura
y no me culpes a mí.
 Sé bien que ya me entendiste
las veces que te han hablado
mis ojos y mi cuidado.
De mi silencio supiste
que estar turbado, estar triste
en tu divina presencia
es una muda elocuencia,
y a decir las penas graves
que ya de mis ojos sabes,
los labios tienen licencia.

Reina   Conde, cuando escucho tal,
estamos... —¿Quién tal creyó?—
o tú loco o sorda yo.
Hablas mal o entiendo mal.
No son de cuerdo y leal
conceptos tan atrevidos,
y pienso entre dos sentidos
y entre dudosos agravios,
o que han errado tus labios
o que mienten mis oídos.

Conde   Ni te admire, ni te espante
que adore un Sol soberano.
Corazón tienes humano,
no le tienes de diamante.
Despreciar joven amante

cuando dueño anciano tienes,
no es justo. Mira que vienes
a hacer una unión gentil
del enero y del abril.
No prosigan tus desdenes.
     Nadie nos oye ni ve,
y este silencio tendrán
cuantas cosas viendo están
tu ingratitud y mi fe.
Secreto amante seré.
Argos soy de tu opinión.

Reina

Estos árboles que son
testigos de mis enojos,
harán de las hojas ojos
para mirar tu traición.
     Las cosas inanimadas
y brutos, si aleve fueres,
han de publicar quién eres
con lenguas desenfrenadas:
esas cumbres empinadas
con peñascos atrevidos
al Sol, los prados floridos
con sus rosas naturales,
las fuentes con sus cristales,
las fieras con sus bramidos.

Conde

     Vanos tus recelos son
y aunque reina eres mujer.

Reina

Tú, traidor. Mas, ¿qué ha de ser
un hijo de Galalón?

Conde

De griega es esa razón;

y si tu amor me desprecia,
bien sé que no eres Lucrecia;
que si va a decir verdad
jamás hubo honestidad
en las mujeres de Grecia.

Reina   Conde Magancés, tú mientes.

Conde   Eres hermosa y mujer.
                 No agravias.

Reina   Debes de ser
                 cobarde. ¿Agravios no sientes?

Conde   Pues, para que no me afrentes,
                 la mano te he de besar.

Reina   Ella te sabrá matar.

Conde   Desagráviame un favor.
                 Dámela.

Reina   Toma, traidor.

(Dale un bofetón.)

Conde   ¿Qué paciencia ha de bastar?
                     ¡Vive Dios!

Reina   Al mismo juro
                 que no temo y que la muerte
                 sabré darte.

Conde (Aparte.)   (De esta suerte

se convirtió un amor puro
en odio. Vengar procuro
el agravio y bofetón.
Disimulad, corazón,
encubrid el sentimiento.
Ya será aborrecimiento
lo que fue dulce pasión.)

(Sale Teodora.)

Teodora   Carlos viene.

Reina   Di el contento,
el bien y el dueño que estimo,
la salud con que me animo,
el alma con que me aliento.

(Salen Carlos, el Almirante, Florante y acompañamiento, y detrás Baruquel,
Zumaque y Gila.)

Carlos   Si el alma y el pensamiento
estaban acá, señora,
no he estado sin vos una hora.

Reina   Todo se debe a mi amor.

Carlos   Joven soy con tal favor.

(Abrázanse.)

Reina   Esclava soy que os adora.

Carlos   Después que en Marsella fui
dueño de vuestra beldad,

cautiva la voluntad,
vivo en vos, no vivo en mí.

Reina   Desde entonces hasta aquí
no vi el rostro del placer.

(A ellos.)

Carlos   Para estimar y querer
prendas que son más que humanas,
no me embarazan las canas.
Galán soy de mi mujer.
Llegad a besar los tres
mano de quien soy amante.
Dad la mano al almirante,
hijo de Oliveros es.

(Llegan a besar la mano.)

Almirante   Postrando espero a tus pies
los rayos del mismo Febo.

Carlos   Conde, ¿qué tienes de nuevo?
¿Cómo, aquí, tristezas graves
si lo que te quiero sabes,
si sabes lo que te debo?
Abrázame. ¿Cómo vienes?

Conde   Vasallo tuyo, señor.

Carlos   Y así es mi gusto mayor
porque sé que salud tienes
para coronar tus sienes
de diademas de laurel.

Vamos a París, que en él
todo el pueblo nos desea.

Almirante   Honra, señora, esta aldea
que se llama Mirabel.
    Es muy gallarda y es mía.

Carlos   Ya sé que es alegre y bella,
pasemos la noche en ella;
que entrar en París de día
ya no es posible, y sería
entristecer su esperanza.

Almirante   Con honras que nadie alcanza
Blancaflor y yo quedamos.

Carlos   Vamos, reina. Conde, vamos.

Conde (Aparte.)   (Trazando iré mi venganza.)

(Vanse y quedan los villanos.)

Baruquel   Corte será Mirabel
esta noche con los dos.
¡Ay, buen rey!

Zumaque   ¡Válgame Dios!
¿Qué caldo magro es aquél?

Baruquel   Carlo Magno di. El señor
y emperador de la mar.

Zumaque   ¡Y ver que se ha de casar
tan viejo un emperador!

Ya va la novia enviudando
desde aquí hasta Mirabel.
Ella moza y viejo él,
mala ventura les mando.
　　　¡Pero, a fe que es bien hermosa!

Baruquel
　　　　　　¡Calla, bestia! Que es locura
delante de esta hermosura
alabar así otra cosa.
　　　Muchas veces yerra...

Zumaque
　　　　　　　　　Una
cualquiera marquesota cae.

Baruquel
　　　　　　Donde Gila está, no hay
que alabar gracia ninguna.

Gila
　　　　　　　Dos mojicones, y aun tres
te daré. ¡Socarrón eres!

Baruquel
　　　　　　Dime cuanto tú quisieres,
como un favor no me des.

Gila
　　　　　　　Sí, lo haré, cara de lobo.

Zumaque
　　　　　　Si él no la quiere ni ocupa,
acá habrá quien no la escupa.
Luego dirán que so bobo.

Baruquel
　　　　　　Aquellos requiebros son
los que me traen cuidadoso.
Perdido estoy de celoso.

Gila
　　　　　　Ya te entiendo, bellacón.

(Sale Lauro.)

Lauro   Cada cual su carbón saque,
llevémosle a Mirabel.
[...]
Date priesa tú, Zumaque;
   que en las cocinas del rey
esta noche ha de venderse.

Baruquel   Si va Gila, ha de perderse
que no hay respeto ni ley
   jamás en los cortesanos.

Gila   ¿Quién te mete a ti conmigo?
Las orejas, enemigo,
   te he de arrancar con mis manos.

Baruquel   Téngala, tío; que es fiera
una mujer si se enoja.

Lauro   Haréisme que un palo coja.
¿Siempre andáis de esta manera?

Zumaque   Baruquel es socarrón.
Piensa, tío, que te engañan
y si de día se arañan,
cardas a la noche son.

Baruquel   ¿Pues tú murmuras de mí,
bestia indómita?

Zumaque   No hay tal,
porque soy hombre tal cual.

Tu hermano mayor nací.

Baruquel   Daréte un palo.

Zumaque   Hablador,
no dará ni aun dos.

Laura   Prometo
que si voy...

Zumaque   Tenga respeto
que soy cabeza mayor.

(Vase todos y salen el conde y Aurelio.)

Conde   Mi venganza prevengo
del modo que te digo, porque tengo
un desprecio, una injuria
que me están provocando a rabia y furia.

Aurelio   ¿Y con qué fundamento
verosímil harás tan grave intento?

Conde   Cuando en Marsella estaba
la reina, y ver a Carlos deseaba,
yo mismo remitía
las cartas, que ella amante le escribía.
Una de éstas guardé, pensando en ella
engañar mi esperanza,
imaginando que mujer tan bella
a mí me la escribía.
¡Fuerza de amor o gran melancolía!
Un testigo ha de ser de su delito
la carta, que mudando el sobreescrito,

| | he imitado su letra, |
| | rompiendo la cubierta que tenía. |

Aurelio	No digas más. Tu intento se penetra
	y Carlos viene acá. Tu sangre es mía,
	mi ayuda y mi favor no he de negarte.

| Conde | Vete antes que entre por esta otra parte. |

(Vase Aurelio. Salen Carlos y el Almirante.)

Carlos	Yo te prometo, Almirante,
	que tan gustoso me veo,
	que solo vivir deseo,
	para ser perpetuo amante
	de la reina. Siempre un viejo
	ama con mayor cuidado
	porque es un amor fundado
	en prudencia y en consejo.
	Ama aquel ser infinito
	del alma, a amarse dispuesto,
	no tiene su amor honesto
	mezcla de torpe apetito.
	Por la fe de hombre de bien
	que fue Jordán para mí
	el casarme. Nunca fui
	tan galán y mozo.

Almirante	Den
	a tu majestad, señor,
	vida del fénix los cielos.

| Carlos | Si no hay torpeza de celos, |
| | dulce cosa es el amor. |

Conde	Hablarte a solas querría.
Carlos	Vete, Almirante.

(Vase el Almirante.)

(Aparte.)

(Sospecho
que trae el conde en su pecho,
según su melancolía,
   algunas quejas o agravios
de la reina, y me pesara
que decírmelas osara.
¿Cómo cerraré sus labios?
   Ya hallé modo.) Conde, amigo,
si estimarte tanto es justo,
¿qué cosa ha de darme gusto
que no la goce contigo?
   Ese caballo que al Sol,
aunque bruto, desafía
que en campos de Andalucía
le engendró el viento español,
   me presentaron ayer.
Y ésta es la misma cuchilla
que dio espanto y maravilla
al mundo. ¿Quiéresla ver?

(Saca la espada.)

Mira un rayo de cristal.
No forjó acero tan fuerte
en su guadaña la muerte.
Al que me dijere mal
   de mi espada o mi caballo,

o mi mujer... ¡vive el cielo!,
que le echaré por el suelo
la cabeza.

Conde (Aparte.)   (Tiemblo y callo.
                  Parece que me ha entendido.)
                  El caballo he de mirar
                  de espacio para estimar
                  lo que de tu gusto ha sido.

(Aparte.)   (Perdiendo voy la esperanza
                  de vengarme, mudo el labio.
                  Vuelvo, sintiendo mi agravio
                  y temiendo la venganza.)

(Vase el conde.)

Carlos   ¡Vive Dios! Que era sospecha
                  lo que ya es en mí cuidado.
                  Confuso y atravesado
                  el corazón de una flecha
                    me dejó. A solas quería
                  hablarme. No dijo nada.
                  Claro está que de mi espada,
                  y el caballo no sería.
                    ¡Qué terrible sobresalto!
                  Mas mi fe dudar no debe.
                  ¡Ay de mí! Un rayo se atreve
                  al edificio más alto.
                    Y bien puede el deshonor
                  ser parecido a la muerte
                  igualando de una suerte
                  al monarca y al pastor.
                    Mal digo, mal he pensado,
                  mal discurso, entiendo mal.

¡Jesús! ¿Yo, sospecha tal?
¡Loco estoy! ¡Estoy turbado!

(Sale el conde a la puerta.)

Conde   Pensativo y sospechoso
el rey se está paseando.
Yo también estoy dudando
atrevido y temeroso.
    Perdida la vida tengo
si de él la reina es creída;
y así aseguro mi vida
y de la injuria me vengo.

(Llega [y pónese] de rodillas.)

    Gran señor, desnuda luego
la espada de más fiereza
y córtame la cabeza.

Carlos   ¿Qué dices, Conde?

Conde   Que llego
a tus pies solo a morir
fidelísimo vasallo.

Carlos   De esa suerte, del caballo
mal me vienes a decir.

Conde   Pluguiera a Dios, gran señor,
que no fuera mi cuidado
mayor.

Carlos (Aparte.)   (¡Viejo desdichado!

37

¡Miserable emperador!
  ¡Triste rey! ¡Hombre infelice!
¡Pobre esposo! Antes del trueno
sentí el rayo de horror lleno.
Mal de la reina me dice.
  Y ya es fuerza el escuchar
porque con preñez contada
una nueva desdichada
más tormento suele dar.)
  Conde, ya sabéis que soy
el primer hombre del mundo;
no reconozco segundo
en Asia, y a Africa doy
  espanto con estas canas.
Muchas fueron mis victorias
en las mortales memorias.
No son mis obras humanas.
  Europa temió mi diestra.
Todo está para caer
y todo se ha de perder
con una palabra vuestra.
  Mirad bien lo que decís,
porque espera mi Sevilla,
una octava maravilla,
una sexta flor de lis;
  y más crédito he de dar
al honor que en ella vi
que a vuestra lengua, y así
volvedlo, conde, a pensar.

Conde   A mi amor y obligación
                       no correspondo callando.
                       Tened ánimo escuchando;
                       que yo verdad y razón

	he de tener si os refiero
	lo que sentimos los dos.
Carlos	Conde, por amor de Dios,
	que lo miréis bien primero.
	Tened lástima de mí
	que adoro a la reina. Amigo,
	conde, rogando os obligo.
	Ved qué contáis.
Conde	Lo que vi...
Carlos	Decid. Echada es la suerte.
	Nazcan ya de mi temor,
	si es verdad, mi deshonor,
	si es mentira, vuestra muerte.
Conde	Griega fue Elena, y hermosa,
	y dicen que no fue buena.
	Sevilla es griega y Elena.
Carlos	¡Oh, vejez poco dichosa!
Conde	Mal se disimula amor;
	a Teodoro, su criado,
	este papel he quitado.

(Dásele.)

Bien conoceréis, señor,
su letra y cuando el papel
llegó a mis manos, ya había
sabido su alevosía.

Carlos	¡Oh, qué trance tan cruel!
	«A Teodoro» dice aquí.
	Suspended, infames celos,
	vuestro rigor. Tened, cielos,
	misericordia de mí.
(Lee.)	
	«Mi dueño sois verdadero,
	de veros el ser recibo;
	sin vos muero, con vos vivo.
	En mis brazos os espero.»
	La reina no he de firmar,
	«vuestra esclava», sí, «Sevilla».
	¡Qué no tuviese mancilla
	de mi vejez el pesar!
	¿Si leyeron bien mis ojos?
	¿Si dijeron bien mis labios?
	Para leer sus agravios
	nadie ha menester antojos,
	porque la desdicha alienta
	los espíritus visivos.
	¿Hay fundamentos más vivos
	para dar a tal afrenta
	todo crédito?
Conde	Señor,
	de noche este griego pasa
	a su cámara y abrasa
	la Troya de vuestro honor.
	Decid que vais a París
	esta noche, y volved luego.
	Veréis mi verdad.

Carlos	Un ciego,
	¿qué ha de ver? Tarde venís.
	¡Dolor grave! ¡Dolor fuerte!
	Pero acabaréisme presto,
	porque es, sin duda, que en esto
	viene marchando la muerte.
	No pudo el tiempo acabar
	mi vida con su rigor,
	y ha llamado al deshonor
	para poderme matar.
	Voy a tomar tu consejo.
	A París diré que voy.
	Pasos de hombre ciego doy.
	No acierto a andar. ¡Pobre viejo!

(Vase Carlos.)

Conde	Perdone la inocencia de la reina
	que quiero conservar así la vida;
	porque sus quejas no me maten antes.

(Sale Teodoro.)

Teodoro	Conde y señor.
Conde (Aparte.)	(Venir en este tiempo
	Teodoro es para mí feliz agüero.)
	Harásme un gran placer.
Teodoro	Servirte quiero.
Conde	Sabe, Teodoro, pues que de mi dama
	un pequeño rubí favor ha sido.
	En el camino le agradó a la reina.

41

No supe decir «no», y agora temo
parecer en presencia de su dueño.
Una cosa has de hacer. Dos mil escudos
galardón te serán. Ya está la reina,
cansada del camino, en dulce sueño.
Carlos se fue a París. Tú podrás solo
en su cámara entrar, y pues se quita
al entrar en su cama las sortijas,
y las pone debajo el almohada,
sin temer que despierte, has de sacarme
el rubí que te digo. No me atrevo
a pedir a la reina don tan corto,
para no descubrir que es de mi dama.
En silencio está todo, amigo.

Teodoro   Basta,
ya lo entendí muy bien, y entraré luego.
Déjame el cargo a mí.

Conde   Lo prometido
tendrás sin falta, y esperando quedo.
Entra con desenfado. Entra sin miedo.

(Vase Teodoro.)

Traidor me ha de llamar el que supiere
el prodigioso atrevimiento mío;
reciba un bofetón, sienta una injuria,
y errando por amor, tema su muerte
cualquiera que mi intento me culpare
y podrá disculparme. Carlos viene.
Ayúdeme mi ingenio y osadía.

(Sale Carlos con una vela encendida.)

42

Carlos	Conde, ya vengo a la desdicha mía.
	Del silencio y del sueño vi ocupados
	los ojos de mis deudos y criados.
	¡Oh, si ya a nunca despertar durmieran
	mis ojos esta vez y esto no vieran!
Conde	Detrás de este cancel podrás ponerte.
Carlos	¡Qué venga yo a acechar mi propia muerte!
	No he temido jamás si no es agora.
	Temblando está una mano vencedora.
Conde	No difirió Teodoro la partida.
	Mira adentro, señor.
Carlos	¿Qué? ¿Tenga vida
	quien esos pasos da? ¡Si son antojos,
	o me ha cegado el llanto de los ojos!
	Teodoro llega al lecho más honrado,
	y pienso que a la reina ha despertado.

(Deja caer el candelero.)

> ¡Más no quiero mirar! ¡Mátame luego,
> que viendo tal, ni muero ni estoy ciego!
> Mátame, conde, aunque inmortal me han hecho;
> pues no ha faltado el corazón del pecho.
> Mi agravio y deshonor, mi mal es cierto;
> no tengo honor, pues no me caigo muerto.

Conde	Al traidor mataré. ¡Muera Teodoro!

(Vase el conde.)

Carlos	¡Qué me pueda ofender mujer que adoro!
	¡El ánimo y valor pierdo! ¿Qué espero?
(Dentro.)	
Teodoro	¡Qué me matan! ¡Jesús, Jesús, que muero!
Carlos	Cuando dudé mi mal, enternecido
	estaba con razón, pero sabido,
	valor haya en la pena y osadía.
(Sale el conde.)	
Conde (Aparte.)	(Secreta queda así mi alevosía.)
Carlos	La vida y el honor, conde, te debo;
	siempre te quise bien, esto no es nuevo.
	Aconséjame, pues.
Conde	Antes que sea
	su venida más pública y la vea
	todo el concurso popular, desvía
	a la reina de mí. A su patria envía
	la griega, que ofendió imperio latino.
	En sus mismos bajeles en que vino
	puede volverse luego. Si la pena
	ordinaria de Francia la condena
	a muerte, ¿qué piedad no uses con ella?
Carlos	Bien me aconsejas. Llévenla a Marsella
	y desde allí navegue el Mar Terreno.
	Del ser y del vivir me siento ajeno.

(Sale Florante con una hacha encendida y la espada desnuda en la mano.)

Florante

Voces sentí, diciendo «que me matan»,
y no sé dónde fueron.

Carlos

   Oh, Florante,
a tu mísero rey tienes delante.
Ni dudes, ni preguntes, ni repliques.
Lleva a Sevilla al mar y en los bajeles
que surcaron con paz ondas crueles,
navega a la ciudad de Constantino,
y entrégala a su padre, su destino
fatal esto causó; ella misma sabe
y la causa dirá de acción tan grave.

Florante

Lo que mandas haré.

Conde (Aparte.)

   (Muchos errores
ocasiona un horror. A mis amores
pasados pienso dar fin peregrino
saliéndola a robar en el camino.)

(Sale la Reina Sevilla.)

Reina

Cuando, mis ojos despiertos,
a lástimas me levanto,
he salido con espanto,
tropezando en cuerpos muertos.
   ¿Qué podrá ser? Dulce dueño,
¿aquí estáis? Viéndoos, señor,
ni me turbará el temor
ni el sobresalto del sueño.

Carlos (Aparte.)

   (¿Es posible que he de hallar

culpa en beldad tan inmensa?
¿Es posible que hay ofensa
en valor tan singular?
    Mas, ¿qué dudo si es mujer?
Mas, ¿qué dudo si lo veo?
[Mas, ¿qué dudo si lo creo?]
Mas, ¿qué dudo se he de ser
    en la vejez desdichado?)

Reina   ¿Vos en tal melancolía?
                       ¿Vos confuso, rey?

Carlos   Desvía.

Reina   ¿Conmigo estáis enojado?

Carlos (Aparte.)   (En mi pecho poco sabio
matar al amor pretende
el agravio, él se defiende,
pero vencerá el agravio.
    El honor le hará vencer;
no la quiero ver ni hablar;
que son sirenas del mar
lágrimas de una mujer.)

(Vuélvela las espaldas.)

Reina   Mi señor, mi rey, mi esposo,
mi gloria, mi bien inmenso,
¿qué es lo que os tiene suspenso?
¿Qué es lo que os tiene quejoso?
    ¿Vos os receláis de mí?
¿Qué causa turbaros pudo?
Mas, ¿qué pregunto? ¿Qué dudo

	cuando miro al conde aquí?
Carlos	Parte luego con Florante.
Reina	¿Dónde me mandas partir?
Carlos	A Constantinopla has de ir.
Reina	¿Cómo podrá un pecho amante 　ausentarse de vos hoy? Advertid, señor, que espero daros presto un heredero. Encinta sin duda estoy. 　¿De tan súbitos agravios causa, señor, no me das?
Carlos	De ti misma lo sabrás. No la sepas de mis labios.
Reina	Vuelve el rostro.
Carlos	Es imposible.
Reina	Conde, piedad.
Conde	¿Yo, señora?
Reina	Carlos, mirad que os adora esta infeliz.
Florante	¡Qué terrible suceso!
Carlos (Aparte.)	(Verla querría.

	el rostro pienso volver.) ¡Ah, peregrina mujer!
Reina	¡Ah, señor!
Carlos (Aparte.)	(¡Ah, honra mía!)
Reina	Conde, cause en ti mudanza el ver que te estoy rogando.
Conde	Con mi rey estoy callando.
Florante	¡Gran desdicha!
Conde (Aparte.)	(¡Gran venganza!)
Reina	¿Cómo me ausentas de ti?
Carlos	Amor sabe lo que siento.
Reina	¡Muerta voy!
Conde (Aparte.)	(Ya estoy contento.)
Carlos	¡Ay, qué hermosura!
Reina	¡Ay de mí!
(Vanse todos.)	

Fin de la primera jornada

Jornada segunda

(Dicen dentro el conde y salen luego él y el Almirante.)

Conde   ¡To, to, llama los sabuesos!

Almirante   Di, conde, lo que deseas.

Conde   Unir mi sangre a la tuya
y que mi mano merezca
la de Blancaflor, tu hermana.
Días ha que esto te ruegan
mis ojos. Tú lo dilatas.
No sé, Almirante, cuál sea
la ocasión.

Almirante   Amigo, conde,
Blancaflor ha de ser reina
presto de Francia; que Carlos
se ha de desposar con ella.
Dulce cosa es el reinar.
¿Quién por imperios no deja
los altos merecimientos
de un vasallo?

Conde   ¿Cómo intenta
casarse el emperador
cuando están en competencia
sus canas y años? ¿Ya olvida
la miserable tragedia
del matrimonio pasado?
Un filósofo de Grecia
llamó comedia a la vida
que en dos horas representa

larga edad. ¿Quién no diría
que era ayer cuando la griega
Sevilla fue repudiada?
Ya tres lustros se cuentan
que son quince años; un soplo
es la edad humana. Escena
de comedia es esta historia.
Aun propiedad no tuviera
en un teatro, y al fin,
entre las ondas terrenas
ella y Florante murieron
en un bajel que a la vuelta
se perdió.

Almirante   Ya lo sé todo;
y que su padre con Persia
tiene guerras, y por eso
dilató el hacernos guerra.

Conde   Si con estos años menos
se murmuró que quisiera
casarse, ¿con quince más
tercer matrimonio intenta?
¡Vive Dios, que no hace bien
y que parece flaqueza!

Almirante   Conde, si a cazar venimos
porque Carlos se entretenga,
no es bien que nuestros discursos
con las espadas fenezcan.
¡Y vive Dios, que hace bien!

(Vase el Almirante.)

Conde   No será, si puedo. Tema
                         será ya mi pretensión
                         y no amor; entre estas peñas
                         coronadas de lentiscos
                         y silvestres madreselvas
                         quiero descansar; que el monte,
                         con el calor de la siesta,
                         me ha fatigado, y el sueño
                         en las ramas lisonjea
                         los ojos. Ladrón le llaman
                         de la media vida. Tenga
                         su tributo, pues le infunde
                         la madre naturaleza.

(Échase a dormir, y salen Lauro y la Reina Sevilla vestida de labradora.)

Lauro   ¿Cómo en aquestas montañas
                         pasar tantos años dejas,
                         gran señora, sin que vamos
                         a los imperios de Grecia?
                         Cuando de aquellos traidores
                         yo te amparé en esa cueva,
                         y a Florante sepultaron
                         en las faldas de esa sierra,
                         me parece que fue ayer
                         y tanto los años vuelan
                         que un siglo es un breve día.
                         Disfrazada, al fin, me ordenas,
                         que llamándote Diana,
                         tu fingido padre sea.
                         Pariste un hijo que el Sol
                         en él no ve diferencia,
                         y humildemente le crías,
                         pues hoy bajó a esas aldeas

a vender carbón. ¿Qué es esto,
Sevilla hermosa? Gran reina
de Francia, ¿cuándo tendrán
fin tus desdichas inmensas?

Reina   Padre, que este nombre debo
a quien me ampara y sustenta
con su trabajo, no quise
que ojos mortales me vean
después que a Carlos perdí
con tal desdicha y afrenta.
Aquí espero a que Luis
llegue a ser hombre que pueda
volver por mi honor, y vivo
en estos montes contenta.
Mas, ¿qué es esto? ¿No es el conde
éste que al sueño se entrega
sin ver que tiene enemigos?
¡Él es! Mi venganza sea
este peñasco, mis manos
han de romper su cabeza.

(Toma una peña.)

Traidor conde, una mujer
no es mucho que así se atreva
cuando ha perdido su fama
por tu mentirosa lengua.
Muere, infame.

(Al echarle la peña, sale Luis de villano con espada ceñida y la detiene.)

Luis   Espera, madre.
¿Qué traición es la que intentas?

¿A un hombre que está dormido
se atreve de esta manera?
¿Muerte quiere dar villana
a quien las leyes respetan
del reposo humano? Diga
si le ha hecho alguna ofensa;
que aquí estoy yo, que la vengue
de bueno a bueno con ésta
que he comprado del dinero
del carbón. ¡Hombre, despierta!

Reina   Hijo, burlarme quería...
(Aparte.)   (Empeñarle no quisiera;
               que aun es niño.)

Luis   Hombre, levanta,
               profundamente no duermas.

(Despierta al conde.)

Conde (Aparte.)   (¡Válgame Dios! ¡Qué ilusiones
               el sueño me representa!
               ¿Qué temores y fantasmas
               han perturbado mi idea?
               Soñé a Florante, y soñé
               como le enterré en las peñas
               de este monte, que sepulcro
               me demandaba que fuera
               en sagrado. Un delincuente,
               ¿qué no teme? ¿Qué no sueña?)

Luis   Antes que aquéste se vaya,
               dígame, madre, de veras
               si le ha ofendido, que quiero

matarle y satisfacerla.

Reina   No, hijo.

Lauro   ¡Gallardo joven!

Conde (Aparte.)   (Admiración y tristeza
me da este sitio. Aquí fue
donde se ausentó la reina.
Quiero ausentarme de aquí;
que las memorias dan penas
y no hallo satisfacciones
a tan notables ofensas
como hice al cielo y al rey,
y a aquella inocente reina.
A Carlos voy a buscar.)

(Vase el conde.)

Luis (Aparte.)   (Pienso que lícito fuera
matarle en duda, que creo
que sus agravios me niega,
desconfiando de mí.)

Reina   Vete, hijo, enhorabuena
a descansar del camino.
No hay agravio que yo sienta.

(Vase Luis. Sale Gila.)

Gila   Sola estoy sin ti, Diana.

Reina   Yo quiero que me diviertas
de una gran melancolía.

Lauro   Haced las dos de esas hierbas
y flores dos ramilletes,
que os agraden y entretengan.

(Vase Lauro.)

Gila   Bien ha dicho, y entretanto
cantemos aquella letra
que te agradó muchas veces.

(Siéntanse las dos.)

Reina   Yo lloraré mientras suena,
Gila, tu voz; y estas flores
su color rústico muestran.

(Hace un ramillete y canta Gila.)

Gila   «Carlo Magno el emperante
heredero no tenía,
y casó con una reina
que se llamaba Sevilla.»

(Sale Carlos Magno, de caza, y canta la Reina.)

Reina   «Ella fue de alto linaje,
mayor fuera su desdicha,
porque un traidor Magancés
le acusó de alevosía.»

Carlos (Aparte.)   (¿Villanas cantan la historia
de mi antigua adversidad?
Aun en esta soledad

me es verdugo la memoria.)

(Cantan las dos.)

«A su padre le volviera
desdichada y condolida,
preñada del emperante
en la mar se moriría.»

Carlos (Aparte.)

(En curso salen veloz
entre piedades y enojos
las lágrimas por los ojos
llamadas de aquella voz.)
Callad, villanas sirenas.
No cantéis tales historias.
Mucho me afligen memorias,
mucho me enternecen penas.

Reina (Aparte.)

(Carlos es. ¡Cielos supremos
ya de mi mal no me quejo.
¿Qué quiere el honrado viejo?)
Cantamos lo que sabemos.
¡Oh, si en algún cortesano
que con el rey ha venido,
tome estas flores que han sido
matizadas de mi mano!

(Dale un ramillete.)

Carlos (Aparte.)

(Mirando estoy un espejo
de mi trágico placer.
¡Válgate Dios por mujer!)

Reina (Aparte.)

(¡Válgate Dios el buen viejo!)

56

(Vanse las dos mujeres.)

Carlos   Divertido en mis pesares
                           más que en la caza que sigo,
                           hablando a solas conmigo
                           perdí monteros y pares.
                           Adoro la soledad,
                           y las veces que la veo,
                           como objeto del deseo
                           me lleva la voluntad.
                           Pero aunque blasone yo
                           con esfuerzos de mancebo,
                           doy a la edad lo que debo,
                           el monte me fatigó.
                           Estos robles y estos pinos,
                           que a servir al hombre nacen,
                           sombras apacibles hacen
                           a las peñas y caminos.
                           Sirvan aquí de doseles,
                           a un rey lleno de pesares,
                           en tanto que en anchos mares
                           no me sirven de bajeles.

(Siéntase y dice dentro Luis.)

Luis   ¡Arre, burra de un ladrón!
                           ¿Con la carga te has echado?
                           ¡Nunca topen verde prado!
                           ¡Véngate mi maldición!
                           ¡Arre! ¡Qué con este afán
(Sale fuera.)   viva un hombre en esta sierra,
                           pudiendo ser en la guerra
                           mochiller o capitán!

	¡Ah, buen viejo! ¡Ah, padre mío!
	Ayúdame a levantar
	esta burra que al pasar
	ese arroyo pobre y frío,
	sin decir oxte ni moxte
	con el carbón se me ha echado.
	Mas no venga, padre honrado.
(Aparte.)	(No quiero que se disguste
	que está muy viejo, y cansarle
	no quiero agora.)

Carlos (Aparte.)   (El rapaz
me ha dado grande solaz.
Casi estoy para ayudarle
  a salir de su fatiga.)

Luis   Ya, padre, mi primo viene.

Carlos (Aparte.)   (Padre llama a quien no tiene
quien de veras se lo diga.)

Luis   Anda, primo, que el jumento
en el agua se arrojó.

(Dentro Zumaque.)

Zumaque   ¡Más que en habrándole yo
que se levanta contento!
    ¡Arre!

Luis   Os entendéis los dos.

Zumaque   Es grande habilidad la nuestra.

Carlos   En esta gente se muestra
         la providencia de Dios.
             ¡Ah, niño!

Luis   Con ese nombre
         a responder no me obliga.

Carlos   ¿Cómo quieres que te diga?

Luis   ¡Ah, mancebo! ¡Ah, gentilhombre!
             Que ya salí de mantillas,
         y soy hombre hecho y derecho
         que este monte viene estrecho
         a las altas maravillas
             de mis grandes pensamientos.
         No soy, si pobre nací,
         de los que viven aquí
         como unos brutos contentos.
             Esfera mayor alcanza,
         aunque carbonero soy,
         mi espíritu, y mientras doy
         principio a tal esperanza,
             en los montes me entretengo
         viendo que mi patria son,
         aunque a vender el carbón
         a la corte voy y vengo.

Carlos   ¿Y tú no ves que es locura
         entregarse a devaneos?
         ¿Qué importan altos deseos
         si, teniendo sangre oscura,
             eres pobre?

Luis   Yo leí

	historias de hombres que fueron príncipes, aunque nacieron tan pobres como nací.
Carlos	Luego, ¿tú sabes leer?
Luis	Y escribir.
Carlos	¿Quién te enseñó?
Luis	La madre que me parió; que el padre no pudo ser porque no le he conocido.
Carlos	¿Cómo te llamas?
Luis	Luis.
Carlos (Aparte.)	(¿Siempre, memorias, venís contra mí? Este nombre ha sido el que pensaba decir al hijo que Dios me diera. Sucedió de otra manera, no debió de convenir.) ¿Qué años tienes?
Luis	Quince son los que a estas hierbas cumplí.
Carlos (Aparte.)	(Tantos años ha que fui desdichado. Entre el carbón y la mucha soledad de este monte y de esta vega da Dios hijos, y los niega

al cetro y la majestad
de los reyes. ¡Oh, misterios
de Dios, monarca fiel!
¿Qué importan reinos sin él?
¿Sin él qué importan imperios?)
¿Y en el monte, a qué te inclinas?
¿Qué te entretiene? ¿Qué sabes?

Luis   Sé derribar muchas aves
que en el viento peregrinas,
al Sol amenazan guerra
y con su luz compitiendo,
pasan volando y riendo
de los que están en la tierra.
Esta soberbia verás
que les quito, y luego trepan
cayendo, para que sepan
que puede la industria más.
Un arco vibro albanés,
en que ejercitado fui,
cuya flecha es un neblí
que las derriba a mis pies.

Carlos (Aparte.) (El rapaz es extremado.
Infeliz al nacer fue.)

Luis   Pues, aquí donde me ve,
soy también enamorado.

Carlos   ¿Hay carboneras hermosas?

Luis   ¿Carboneras? ¡Bueno es eso
para mi humor! Con exceso
es afrenta de las rosas,

pompa de la primavera,
blasón del mismo valor,
que para tener amor,
bástame que yo la quiera.
    Pues, no pretendiendo más,
amar a mis solas puedo
una condesa, sin miedo
de que se enfade jamás.

Carlos
                ¿Y habrá quien a mi calor
        y cansancio le conceda
        un vidrio de agua?

Luis
                    ¡Y que pueda
        beberla el emperador!
            Que aunque soy un carbonero,
        un limpio cristal traeré,
        de quien envidioso esté
        este arroyo lisonjero.

Carlos
                Es la sed muy invencible.

Luis
                Y con ella no hay reposo.

Carlos (Aparte.)
                (¡Qué muchacho tan hermoso!)

Luis (Aparte.)
                (¡Qué viejo tan apacible!)

(Vase Luis.)

Carlos
                Con una merced que el cielo
        hubiera usado con vos,
        rapaz, fuéramos los dos
        los más dichosos del suelo.

Con ser hijo del que padre
habéis llamado por viejo...
Pero estas lágrimas dejo
conformar. Solo me cuadre
con la voluntad divina.

(Sale Blancaflor de caza, con un venablo en la mano.)

Blancaflor (Aparte.)   (El deseo de reinar
con ocasión de cazar,
a estas sendas me avecina.
   ¿Cuántos años ha que aspiro
a ser reina, sin que enfado
ni templanza me hayan dado
aquellas canas que miro?
   Ya lo comienza a tratar
el rey con el almirante.
Ponerme quiero delante.
Ocasión le quiero dar.
   En esas dos casarías
esperaré los monteros.)

Carlos   Huelgo, sobrina, de veros
haciendo estas bizarrías
   en el monte. Yo cansado,
viejo al fin, en esta sombra
me divierto.

Blancaflor   Quien se nombra
César francés, no ha llegado
   a envejecerse jamás.

Carlos   Las tristezas y los años
son, Blancaflor, desengaños

del consuelo que me das.
   Siéntate sobre estas peñas
mientras que llega la gente.

(Siéntase Blancaflor y salen Luis con un vidrio de agua en un plato de barro y la Reina con un plato de fruta y una toalla al hombro.)

Luis   Es un viejo tan prudente
                    que respeto nos enseña.

Reina (Aparte.)   (Carlos es. Viendo a su lado
                    tan bizarra dama, siento
                    un linaje de tormento
                    que mi placer ha turbado.)

Luis   Coma, señor, de la fruta,
                    que sobre pálida hierba
                    fresca y dulce se conserva
                    contra el tiempo en esa gruta;
                       y de aqueste cristal beba,
                    que nace en esos alcores,
                    y tropezando entre flores,
                    tributo al Ródano lleva.

(Bebe Carlos.)

Carlos   Beber quiero solamente.

Blancaflor   Dame esa toalla, amiga.

Reina   A ser descortés me obliga,
                    ¿piensa que no somos gente?
                       Que sabré dársela crea
                    al buen viejo, y señor mío,

64

	si es su padre o si es su tío;
	que yo no sé quién se sea.
Carlos	Razón tiene la serrana.
Blancaflor	Y aun hermosos ojos tiene.
Reina	¡Válgame Dios! ¡Cómo viene
	con sus mejillas de grana!
	¿Hace burla del carbón,
	arrebol de estas montañas?
Carlos	No se burla. Tú te engañas.
	Hermosos y graves son.
Reina	¡Ah, señor, no los alabe!
	No dé celos a esa dama
	porque es pasión que quien ama
	disimularla no sabe.
Carlos	¿Has amado?
Reina	A mi marido,
	el padre de este rapaz.
Carlos	¿Y sois casados en paz?
Reina	Un traidor nos ha vendido.
Carlos	Pues en esta edad que ves,
	me caso. Amor me convida.
Reina	¡Por su vida!

Carlos	¡Por mi vida!
Reina (Aparte.)	(Él lo juró, ¡verdad es!) No haga tal.
Carlos	¿Por qué, serrana?
Reina	Viejo que busca hermosura, prisa da a su sepultura, dice el proverbio.
Blancaflor (Aparte.)	(¡Ah, villana! Mal te haga Dios.)
Reina	¿Y es su merced la novia?
Blancaflor	Sí.
Reina	¿Y él la quiere?
Carlos	Como a mí.
Reina	Novia tendrá para un mes.
Blancaflor	Vete, necia.
Reina	Voyme sabia.
Carlos	Vete; ya que la memoria en ti ha leído una historia que me atormenta y agravia. (Piedad, cielos. Tu rigor siempre espanta y maravilla.

	La hermosura de Sevilla,
	lo trágico de mi amor
	me has acordado en los ojos
	y en la voz de esta mujer.)
Reina (Aparte.)	(Yo me voy a padecer
	celos, agravios y enojos.)
(Vase la Reina.)	
Luis	(No es mi desdicha cruel.
	¿Quién dirá que tengo amor
	a la hermosa Blancaflor,
	condesa de Mirabel?
	¿Un carbonero se atreve
	bárbaramente a mirar
	tanto Sol, y tanto mar,
	abismos de luz y nieve?)
Carlos (Aparte.)	(El agua no agradecí.)
	¡Ah, Luisico!
Luis	¿Mi señor?
Carlos	Toma en señal de mi amor
	este famoso rubí.
Luis	No vendo el agua.
Carlos	No es precio
	lo que debo agradecer.
Luis	Tómole para no ser
(Tómale.)	con vos descortés y necio.

Y pues ya es mío, señor,
aunque está en vuestra presencia
—¡pardiez!— con vuestra licencia,
le he de dar a Blancaflor;
   porque el ánimo me inclina
más a dar que a recibir.
Y a ser el mismo zafir
de aquella esfera divina,
   os le presentara así
con humildad y con fe.
Tomadla por cuyo fue.
No la recibáis de mí.

(Tómale.)

Blancaflor   Yo le acepto, y a dinero
                  te le pretendo pagar.

Luis   Eso es, señora, afrentar
                  un honrado carbonero.

Carlos   Según eso, ¿la condesa
                  es el sujeto extremado
                  que te tiene enamorado?

Luis   Y que el alma lo confiesa.

Carlos   Pues, ¿cómo tienes amor
                  a quien ser mi esposa espera?

Luis   ¡Pardiez! Señor, aunque fuera
                  mujer del emperador,
                     a ser la reina Sevilla
                  que dicen murió en la mar

y que se pudo llamar
la flor de la maravilla,
    que apenas a Francia vio
cuando sin qué ni por qué
a buscar su muerte fue,
pudiera quererla yo;
    que mi amor es una acción
de un ánimo generoso
que reverencia lo hermoso
con debida adoración.
    Es un estimar aquello,
que como el Sol resplandece,
y al mismo Dios se parece
en lo soberano y bello.

(Sale el Almirante.)

Almirante   Está vuestra majestad
                           a la sombra retirado,
                           y este monte he fatigado
                           buscándole.

Carlos   Soledad
(Levántanse.)   y descanso pretendía
                           cuando encontré a Blancaflor.

Luis   (¡Que es éste el emperador,
                           y que no le conocía!
                               Vergonzoso voy.)

(Salen la Reina y Lauro.)

Reina   ¿Estás
                           en mi intento?

Lauro	Sí, señora.
Reina	Haz, pues, que se ausente agora Luis.
Lauro	¡Ah, nieto! ¿No vas a cobrar aquel dinero del carbón? Baja por él al valle de Mirabel.
Luis	Luego voy.

(Vase Luis.)

Lauro	Aquí te espero.
Reina	El almirante ha venido. Lauro, escucha, escucha atento. Si tratan del casamiento que mi nuevo mal ha sido.

Almirante	Ya que ha salido mi hermana
	a ser de estos horizontes
	Sol humano, y de estos montes
	una segunda Diana,
	    ya que dichosa y que bella
	ha merecido tu amor,
	dale la mano, señor,
	si te has de casar con ella.
	    Mira que el tiempo ligero
	va deshaciendo tu edad
	cuando es fuerza y es piedad
	que nos des un heredero.

Carlos	Decís, almirante, bien;
	reina será vuestra hermana.

(Hablan recio.)

Lauro	¿Casaros queréis, Diana?
	¡Malos antojos os den!
	A mis manos moriréis
	antes de casaros hoy.

Reina	Casaréme. Libre soy.

Lauro	Eso no. No os casaréis.

Reina	Favorézcanme, señores,
	porque mi padre me mata.

Lauro	Hija ruín, hija ingrata,
	¿agora andáis en amores?

(Salen Baruquel y Zumaque.)

Almirante	Villanos, ¿qué es esto?

Lauro	¿Qué?
	Her josticia en lo que pasa
	porque soy rey en mi casa.
	No ha de casarse.

Carlos	¿Por qué?

Lauro	Otra vez casada ha sido,
	fuese su marido al puerto

y no sabemos si es muerto.
¿Bueno fuera que el marido
   viniese a casa mañana
y con otro la hallase?

Reina
                  ¿Pues, qué importa que me case?

Lauro
                  ¿Qué importa? La que es cristiana,
   hasta saber si es muy cierto
que murió el primer marido,
no se casa.

Reina
                     Él no ha venido
en quince años. Luego es muerto.

Lauro
                     Necia, no; que puede ser
que su padre le entretenga
en su tierra, y que no venga
y siempre sois su mujer.

Carlos
                   ¿Con quién se quiere casar?

Zumaque
                  Conmigo, y con su mercé.

Baruquel
                  Agradecida a mi fe,
la mano me quiere dar
   sin duda. Prima, porfía.

Zumaque
                  Prima, dé voces; que yo
la he querido bien.

Baruquel
                    ¿No vio
este tonto? ¿Qué diría
   de él la gente? Enalbardado,

calla.

Zumaque

    Si bestia nací,
¿quiéreme la novia a mí
acaso para letrado?

Almirante

    ¿Cuál de los dos quiere ser
su marido?

Lauro

    Este muchacho.

(Señala a Zumaque.)

Baruquel

Todo el mundo está borracho.
¡Qué haya gusto de mujer
    tan perverso que es forzoso
en este mundo importuno
que en naciendo tonto uno
haya de venturoso!

Zumaque

    ¿Está contento?

Baruquel

    Estoy lleno
de pesar. ¿Tú has de casarte?
¿No será mejor matarte?

Zumaque

No, juro a Dios, ni aun tan bueno.

Carlos

    Dejadlos casar.

Lauro

    Señor,
aun hay otro inconveniente;
que es el novio su pariente
y será poco temor

de nuestra iglesia romana
que casarse con él piense
sin que el papa lo dispense.
Cásese como cristiana.

Carlos   ¡Ea! Bien decís, andad.

Almirante   Basta un rato de villanos.

Zumaque   Presumidos cortesanos,
todos hambre y vanidad.
   ¿Y cómo quedamos, tío?
¿Está la novia quisada?

Baruquel   Quien quiso ser mi cuñada,
hará cualquier desvarío.

(Vanse los villanos.)

Almirante   Gran señor, pase adelante
la merced que nos hacías.
Cásate.

Carlos   Melancolías
han turbado mi semblante.
   Si un rústico carbonero
a la religión atiende,
y dispensación pretende,
lo mismo, almirante, quiero.

(Sale el conde.)

Conde   Insigne emperador, cuya corona
por timbre tiene el orbe de la tierra,

Grecia se atreve ya, Grecia blasona
que infestando ese mar, nos dará guerra.
Los moradores de la ardiente zona,
y los que en islas bárbaras encierra
el Nilo, respetaron como fuego
las sacras lises que amenaza el griego.
  De leños y de velas coronado,
el mar parece populosa selva,
que desnudó el invierno y la ha nevado
para que el Sol de abril plata disuelva.
Si el poder de dos Asias se ha juntado,
tema el lirio francés, huyendo vuelva,
levantando en los golfos orientales
promontorios de líquidos cristales.
  El griego emperador con Persia tuvo
guerra prolija en obstinada furia,
y por esta razón suspensa estuvo
la atrevida venganza de su injuria.
Y aunque su armada zozobrando anduvo
por las trémolas ondas de Liguria
venció su dicha y arribó con ella
a las ásperas peñas de Marsella.

Carlos   Aunque llueva desdichas y pesares
el cielo, que los temo no presumas;
surquen las ondas ya, pueblen los mares
azotando las pálidas espumas,
que si en aplauso de mis doce pares
la fama ejercitó lenguas y plumas,
respetadas del tiempo sus memorias,
coronarán mis flores de victorias.
  Aun hay valor y fuerzas que prevengo
en el ánimo insigne, que fue asombro
de huestes africanas, siempre tengo

la católica iglesia con el hombro.
No me enflaquece, no, el discurso luengo
de mi pasada edad. Carlos me nombro
el magno, que este título excelente
a Alejandro y a mí nos da la gente.
 Si con Sevilla usé piedad funesta,
ya a Grecia la envié. Su adversa suerte
más suspiros y lágrimas me cuesta
que perlas ese arroyo al margen vierte.
Si la ocasión de su venganza es ésa,
pídale al ancho mar su triste muerte,
no a mí, que con el alma, aunque ofendida,
estimé su beldad y amé su vida.

Almirante   Si a Quinto Máximo Fabio
                llamaron hijo de Marte,
                porque es el vencer un arte
                de capitán cuerdo y sabio,
                   una industria te he de dar
                para que al griego no temas.

Carlos   Vencer con estratagemas
                no es vencer sino engañar.

Almirante   Cuantas victorias ha dado
                el arte, famosas fueron,
                porque en efecto vencieron
                y sangre no han derramado.
                   Si las griegas armas son
                a las nuestras superiores,
                haga el arte vencedores,
                dénos la industria opinión.

(Aparte el almirante y Carlos.)

        Ricardo viene a vengar
a su hija, cosa es cierta;
publiquemos que no es muerta,
y esto se puede esforzar;
        porque he visto esa serrana
que con grande maravilla
es semejante a Sevilla.
Si es que en la memoria humana
        con los años no ha faltado,
hablarémosla, señor,
que quizá tendrá valor
para fingir.

Carlos   Ya me ha dado
                las mismas memorias hoy.
        Y por si esto tiene efeto,
        esté entre los dos secreto.

Almirante   El mismo secreto soy.

(Vanse todos. Salen Baruquel y Lauro.)

Baruquel   Ya de las montañas baja
        el cortesano escuadrón
        de cazadores, que a todos
        nos tienen inquietos hoy.
        Sentémonos a comer,
        que se va poniendo el Sol.

(Sale Zumaque.)

Zumaque   Ni comemos, ni me caso.
        ¡Qué desdichado soy!

Lauro	¿Falta pan? Vendrá Luis, que a Mirabel descendió a cobrar para comer, el dinero del carbón.
Zumaque	Espada compró una vez. Os vendrá, si place a Dios, con el yelmo de Mambrino.
(Sale Luis.)	
Zumaque	Helo; que viene.
Luis	¡Hucho ho! ¡Hucho ho!
Baruquel	Llamando viene aves del viento veloz. Loco es aqueste rapaz.
Lauro	¿Traes pan, nieto?
Luis	Abuelo, no; que compré con el dinero un famosísimo halcón. ¡Hucho ho! ¡Pardiez que dicen que allá en Noruega nació!
Baruquel	Dime, ¿estás endemoniado? Carbonero cazador, hijo de algún gerifalte o de algún esmerejón, ¿qué pájaros te engendraron?

¿Qué Demonio te engañó
para dejarnos sin pan?
¡Qué te daré un mojicón,
vive Dios!

Luis

   Calla, animal,
que pretendo hartaros hoy
de perdices o palomas
y aun de garzas. ¡Hucho ho!

Zumaque

Pajarero, hijo de puta,
¿no debéis saber que soy
vuestro padre casi, casi?
Y si me enojo... ¡Por Dios,
que me enojé! ¿Qué gallina,
mujer de un gallo cantor,
habéis comprado? ¿Qué ganso?
[...]
¿Pajarotes nos traéis?

Baruquel

En tu mismo corazón
se cebe ese gavilán.
¿Tú, eres el otro español
que no teniendo camisa
compró unos guantes de olor?
¿Eres el otro escudero,
que faltándole ración,
compró un libro de cocina
con las calzas que vendió?

Luis

¡Hucho ho!

Zumaque

¿Qué estás hucheando?
¡Sáquente de dos en dos

los ojos cuervos y búhos!
¿Eres algún toreador?
Yo voy por el cernícalo
—¡noramala para vos!—
que yo sé lo que he de hacer.

Luis

Zumaque, espera.

Zumaque

      Vos sois
el verdadero Zumaque.

(Vase Zumaque.)

Baruquel

De caballero pelón
hacéis caravanas ya.
Gavilán, galgo y amor
y el estómago vacío.

Lauro (Aparte.)

(¡Oh, real inclinación!)

(Mirando adentro.)

Baruquel

Zumaque lo ha remediado;
otra tenemos peor.
Con plumas y capirote
dentro la olla lo zampó.
¡Par Dios, que estará famosa!
Tendrá el caldo buen sabor
con las tripas y pigüelas.
¡Qué donoso salchichón!

(Sale Zumaque.)

Zumaque

¡Pardiez, que dejo la olla

que puede el emperador
comer de ella el avechucho!
Luego que sintió el calor,
olla podrida la hizo
con el perejil que echó.
Déjenla cocer un rato.

(Sale la Reina.)

Reina   ¿Qué es esto?

Baruquel   Un hijo traidor
al pan que come...

Lauro   Luisico
nos ha comprado un azor.

Reina (Aparte.)   (Dios te deje crecer, hijo,
y llegues a ser garzón
tan valiente que te llamen
el infante vengador.
Un traidor tiene a tu madre
sin marido y sin honor.
¡Oh, qué bien vengado había
el conde su bofetón!)

(Llora.)

Lauro   No llores, hija.

Baruquel   Sí, llore
la que tal hijo parió,
y la que tiene tal gusto
que a esta bestia tiene amor.

Llore lágrimas de sangre;
llore y ciegue.

Zumaque   ¡Socarrón,
no ha de llorar sino reír!

Baruquel   ¿Qué a ser mi competidor
se atreva este bruto? Espera,
que he de pegarte.

(Amenázale con un palo y él huye.)

Zumaque   Eso no,
porque yo sabré huír.

Baruquel   Ganado me ha su temor
por la mano. Si esperara
un momento, huyera yo.

(Sale el Almirante.)

Almirante   Serrana, que a estas montañas
das belleza y resplandor,
escucha.

Reina   Diga qué quiere
cortesmente y sin traición.

Almirante   Sabe, que viene Ricardo
contra tu rey y señor,
demandándole su hija
porque hasta aquí no creyó
que es muerta. Tú la pareces
con tan viva perfección,

	que engañarás a los griegos.
	Hacerte queremos hoy
	la reina Sevilla. ¿Dime
	si tendrás maña y valor
	para fingir que eres ella
	y engañarlos?
Reina	¿Por qué no?
	Reina he sido yo de veras;
	que en estas montañas soy
	reina las Pascuas y mando
	a cuantos hacen carbón.
Almirante	Haráte Carlos merced.
Reina	Sí, pero guardar mi honor
	es lo primero.
Almirante	Si un santo
	es el rey, ¿quién lo dudó?
	Vamos a palacio y esto
	secreto esté.
Reina	Padre, adiós.
	A mi hijo le encomiendo;
	a París agora voy;
	que me importa.
Lauro	Adiós, Diana.
Luis	Madre, ¿qué es esto? Pues, ¿vos
	os vais con un cortesano
	sin mirar el pundonor
	de una mujer que es honrada?

Reina	Necio, ¿cuidado te doy? Dondequiera soy Diana.
Almirante (Aparte.)	(Ella muestra en la facción maña y osadía.)
Luis	Madre, muy determinada sois.
Reina	Hijo, queda en hora buena.
Baruquel	Prima, no olvide a los dos.
Lauro	Hija, sucédate bien.
Zumaque	Mujer, viudo y solo estoy.
Lauro (Aparte.)	(Dios dé a la reina Sevilla venganza de aquel traidor.)

(Vanse todos.)

Fin de la segunda jornada

Jornada tercera

(Salen Carlos y el Almirante.)

Almirante
Ya en los términos anchos de tu tierra
entró, señor, la no pensada guerra;
el griego emperador con arrogancia
violando ya los límites de Francia,
ya a París endereza su camino.
Toquen al arma, pues, César latino.

Carlos
Ya las armas de Francia Marte ordena
y la trompeta de la fama suena,
levantando valientes escuadrones
que ceñirán mis lirios de blasones.
Si su venganza quiere hacer Ricardo,
de cuerpo a cuerpo el hecho más gallardo,
reduciendo esta guerra a desafío.
Dénos igual edad un mismo brío.

Almirante
La villana, señor, está vestida
de dama, y a Sevilla parecida,
de modo que con fáciles extremos
a la atrevida Grecia engaños demos;
y más, que tiene industria y tiene maña,
de modo que aun a mí propio me engaña.

Carlos
Los pares, ¿qué dirán cuando la vean?

Almirante
Ellos, primero, nuestro engaño crean;
que estaba en estos montes retirada
diremos, de tu amor repudiada.

Carlos
¿Ya Blancaflor lo sabe?

Almirante   Y ella viene;
                       que encomendado este secreto tiene.

(Sale Blancaflor.)

Blancaflor   Mucho me pesa, gran señor de veros
                       entre el rumor de bárbaros aceros,
                       si cuando de la paz gozó esta tierra,
                       escucho el aparato de la guerra.

Carlos   Hermosa Blancaflor, no os dé cuidado,
                       que los griego en Francia hayan entrado.
                       Pues, vimos otra vez los sarracenos
                       volver de espanto e ignominia llenos.
                       Cuando mire Ricardo esa villana,
                       que es de Sevilla imagen soberana,
                       amainará las velas de su furia,
                       volviendo en amistad la que es injuria.
                       Conviene que la asistáis en palacio,
                       para industriarla en todo muy de espacio.
                       Y entre los tres se quede solamente
                       este secreto. Estímela mi gente
                       por reina, que volviéndose a su tierra
                       el griego, y fenecida ya la guerra,
                       sola serás mi dueño soberano;
                       y de que esto será, te doy la mano.

(Al dar la mano sale la Reina de dama y los ve.)

Reina   ¿Qué es esto? ¿Qué
                       villanía
                       usáis en mi deshonor?
                       ¿Cómo dais a Blancaflor

86

la mano que sola es mía?
   ¿Para ver esta traición
a palacio me traéis?
Carlos, Carlos, mal hacéis,
mal daréis satisfacción
   a Dios, a mi padre, al mundo,
si mientras que viva yo
loco amor os sujetó
a matrimonio segundo.
   Y vos, vana, impertinente,
que con ansias de reinar,
y dando qué murmurar
sois fábula de la gente,
   semejante sois en esto
al tirano más airado
que por verse coronado,
a sus peligros expuesto,
   aunque reine solo un día,
ni teme al mundo ni a Dios.
¿Pretendéis lo mismo vos?
Vuestro amor es tiranía.

Blancaflor   ¡Oigan, oigan! Pues, ¿a mí?

Almirante   Tan mañosa Diana es
que aun a solas con los tres
quiere proceder así.

Carlos (Aparte.)   (¡Válgame el cielo! ¿Qué veo?
Turbado, suspenso y mudo,
ni bien mis desdichas dudo,
ni bien mis discursos creo.
Entre el temor y el deseo
siento el alma vacilando.

A Sevilla estoy mirando,
a Sevilla estoy oyendo.
Mi agravio estoy refiriendo,
mi amor está renovando.

　　Sobresaltado de gloria
intento darla un abrazo;
pero al levantar el brazo,
sale luego la memoria
refiriéndome la historia
que apenas el mundo calla.
Y como el brazo se halla
levantado en esta acción,
le aconseja el corazón
que sea para matalla.)

　　Mesurada, honesta y grave
tu ceño me maravilla.
¿Eres Diana o Sevilla?
Todo en mis desdichas cabe.
Tu aspecto, tu voz suave
dice con lengua profana
que eres la mujer liviana,
que mereció mi crueldad;
pero luego la verdad
me dice que eres Diana.

Reina (Aparte.)　　(¿Aun el enojo le dura
que le causó la traición?
Usemos de su invención
porque así no voy segura.)
Pues, ¿verme her mi fegura
enoja a su señoría?
Si a fingir esto venía,
¿Por qué enfado ha recibido?
Denme luego mi vestido;

volveré como solía
a her carbón.

Blanca   Según eso
en burlas nos has hablado.

Reina   Pues, si lo traigo estodiado,
¿no he de fingir voz y gesto?
Desnúdenme presto, presto;
que a ser villana me voy
pues al rey enojos doy
cuando soy reina fingida.

Almirante   La serrana es advertida.

Carlos   Y yo inadvertido soy.
Mas ya que guerras espero
y que administra el furor
las armas, mi sucesor
nombrarte en el reino quiero
ya que me falta heredero.

Almirante   Deja que bese tus pies,
invicto César francés.

Reina (Aparte.)   (Sucesor quiere nombrar.
¿No puedo disimular?)
¿Es razón que el reino des
a un sobrino de esa suerte
teniendo un hijo los dos?
Ni yo, ni el reino, ni Dios
tal permitirán.

(Al Almirante.)

	Advierte
	que buscas tu propia muerte.
	No tienes qué agradecer.
Almirante	Demonio es esta mujer;
	ella se ensaya en nosotros
	para engañar a los otros.
Carlos	Almirante, ¿puede ser
	—el alma tengo turbada—
	que aquésta Sevilla sea
	y que viva en esa aldea
	desde entonces retirada?
Almirante	Su muerte está averiguada.
	Es vana imaginación.
Carlos	Sospechoso el corazón
	grandes misterios me ha dicho.
Reina	¿Se enoja? Lo dicho, dicho.
	Yo me vuelvo a mi carbón.
Blancaflor	¿No ves que finge?
Almirante	Aquí está
	su padre esperando a vella.
Carlos	Entre, pues, hable con ella.
	Mis sospechas templará.
	(Su semejanza me da
	rasgos de mi amor pasado;
	porque a Sevilla he mirado

y que es ella no he creído.
Y así, no estando ofendido,
vengo a estar enamorado.)

(Salen Lauro y Luis.)

Lauro   ¿Qué manda tu majestad?

Carlos   ¿Conoces esta mujer?

Lauro   Hija es mía, si al nacer
                      dijo su madre verdad.

Carlos   Háblala.

Lauro   Si calidad
                      no puede dar el carbón,
                      mi deshonra y tu traición
                      me está diciendo ese traje.

Reina   Basta, Lauro, ese lenguaje.
                      Unos los tiempos no son.

Luis   Madre, aunque vestida así
                      quiera el mismo rey que ande,
                      cuando tiene un hijo grande
                      mala cuenta da de sí.
                      Es villana y yo nací
                      humildemente. No quiera
                      sacarnos de nuestra esfera
                      en que cabe honra también
                      porque ser mujer de bien
                      le bastara si lo fuera.
                         Cuando su traje vestía,

cuando en las sierras estaba,
hijo suyo me llamaba,
y yo madre le decía
con honra y con alegría;
pero ya en caso tan nuevo,
a llamarla no me atrevo
madre y causa de mi ser;
antes, la empiezo a perder
el respeto que la debo.
    Vos, hermosa Blancaflor,
si sois reina soberana,
no os sirváis de una serrana.
Pagad mi cortés amor
en hacerme este favor.
Dadme a mi madre, señora,
vuelva consolado agora
de vuestra hermosa presencia
villano que os reverencia
y rústico que os adora.

Reina

Vos, hijo, no sois villano
porque es reina vuestra madre.
Carlos Magno es vuestro padre.
Llegad, besadle la mano.
[...]

Carlos

¡Con qué gravedad lo dijo!
[...]
Casi le tengo temor
[...]
[...]

(Vase Carlos. La Reina deja caer un lienzo y Blancaflor le levanta y se le da con reverencia.)

Reina	¡Hola!
Blancaflor	¿Señora?
Reina	Ese lienzo.
Blancaflor	Tómele tu majestad.

(Vase Blancaflor.)

[...]
[...]

(Deja caer un guante y el almirantele levanta, le besa y se le da.)

Reina	¡Almirante!
Almirante	¿Qué me mandas?
Reina	Ese guante.
Almirante	¿Mandas otra cosa?
Reina	No.

(Vanse el almirante y Luis y sale el conde.)

Conde	En palacio, ¿Blancaflor
	y el almirante secretos
	con Carlos? O son efeto
	de su mal prudente amor
	o hay alguna novedad
	que de mí se han recelado.

Reina   ¡Conde!

Conde (Aparte.)   (El ánimo turbado
                         en quien cupo la crueldad
                            sin fuerzas el pecho a quien
                         dio amor tiranos antojos,
                         y en mortal duda los ojos
                         este espectáculo ven.
                            ¡Válgame Dios! ¿Es Sevilla?
                         Conozco su majestad
                         y la misma novedad
                         más y más me maravilla.)

Reina   ¿Qué espanto, qué suspensión
                         os tiene, conde, dudando?
                         ¿O es que estáis imaginando
                         alguna nueva traición?

Conde (Aparte.)   (¡Ella es! No son engaños
                         del alma ni del sentido;
                         mas, ¿de qué infierno ha salido
                         al cabo de tantos años?
                            ¡Vive Dios, que disfrazada
                         en los montes se quedó
                         y que nunca se embarcó!)

(Sácale la espada de la vaina la Reina.)

Reina   ¡Villano, tu misma espada
                            el instrumento ha de ser
                         de mi venganza y tu muerte!
                         Los agravios hacen fuerte
                         el pecho de una mujer.

94

                    Si el testimonio pasado
                    no confiesas, morirás
                    a mis manos.

Conde   ¿Tú me das
                    admiración y cuidado
                        más que temor, porque así
                    no se rinde mi valor?

Reina   Confiesa a voces, traidor,
                    tu mentira o muere aquí.

Conde   ¿Hablas de veras, señora?
                    Suspende la airada mano.

Reina   ¡Confiesa a voces, villano!

Conde   Yo lo haré. Suspende agora
                        para mejor ocasión
                    tu cólera.

(Sale Carlos y quédase al paño.)

Reina (Aparte.)   (Carlos viene.)
                    Ciega el agravio me tiene.

Carlos   (Como el misterio no sabe
                    el Conde, y la conoció,
                    como a villana la habló
                    y ella se defiende grave.)

(Salen Luis a medio vestir y criados.)

Luis   Pienso que voces oí

de la reina, mi señora.
¿Quién os ha ofendido agora?
¿Cómo estáis, señora, así?
   Vistiéndome estaba y quise
saber de qué está enojada
vuestra majestad.

Reina   No es nada.

(Arroja la espada a los pies del conde.)

Luis   Vuestra majestad me avise
                         de sus secretos enojos
                      porque saberlos deseo
                      siempre que a este conde veo
                      que ya le traigo entre ojos.
                         No me encubra tu grandeza
                      lo que pasa entre los dos,
                      y haré luego, ¡vive Dios!,
                      que le corten la cabeza.

Reina   Bueno está, delfín.

(Vase la Reina.)

Conde (Aparte.)   (¿Qué es esto?
                      Cielos, ¿es sueño? ¿Es encanto?)

Luis   De mi paciencia [me espanto].
                      En sospecha me habéis puesto,
                         conde, de alguna traición.
                      No estéis delante de mí
                      hasta averiguarlo; y si
                      hallo cualquiera ocasión,

fuerza es que hayáis de sentir
el castigo y el rigor
de mi enojo. ¡Hola!

Criado   ¿Señor?

Luis   Acabadme de vestir.

(Vase Luis con los criados.)

Conde   O estoy loco o estoy ciego,
                    oyendo, viendo y dudando
                    mi muerte estoy recelando.

Carlos (Aparte.)   (Si a desengañar no llego
                       al conde, de mi privanza,
                    pensará que le aparté
                    siendo el que más estimé.)
                    Venid, señor de Maganza,
                       yo os dejaré sin cuidado
                    y aun os daré qué reír.

Conde (Aparte.)   (¡Vive Dios, que han de morir
                    por el susto que me han dado!)

(Vanse. Tocan cajas y salen soldados griegos y Ricardo, emperador viejo.)

Ricardo   Oiga París este día
                    los bélicos instrumentos
                    que al mar de Levante dan
                    admiración y respeto.
                    Si se precian los franceses
                    que de Troya descendieron,
                    y han llorado los troyanos

nuestros fatales incendios,
dense batalla cruel
águilas de dos imperios.
Sepa el romano que tiene
enemistad en el griego.
Si han callado nuestras armas,
ni fue descuido ni miedo.
Ya puedo vengar la hija
que Carlos Magno me ha muerto.

(Sacan presos a Baruquel y Zumaque.)

Soldado   Señor, estos dos villanos,
                 al parecer carboneros,
                 prender pudimos. Bien puedes
                 saber lo que pasa de ellos.
                 Pienso que soldados son
                 que disfrazados quisieron
                 ser espías de tu campo.

Ricardo   Morirán en no diciendo
                 lo que yo les preguntare.

Baruquel   Eso y mucho más diremos.

Zumaque   Dé por dicho lo que quiere,
                 y mándenos soltar luego.

Ricardo   ¿Qué gente tiene aprestada
                 Carlos Magno?

Baruquel   Señor, pienso
                 que diez millones de infantes
                 y de caballos ligeros

	veinte millones.

Ricardo	No mientas; di la verdad, embustero.

Baruquel	Para la vanguardia tiene dos escuadrones de necios presumidos que os degüellen a enfados; también tenemos, porque a sátiras os maten, dos mil poetas; mas estos comeránse unos a otros antes de llegar al puesto. No hay por qué temerlos. A ayudar al rey vinieron las naciones extranjeras, solo no vienen gallegos porque caminan descalzos, y no llegarán a tiempo.

Ricardo	[A este villano], si loco se nos finge, denle luego tratos de cuerda.

Baruquel	No soy hombre de esos tratos.

Ricardo	Necio, ¿qué caballería trae?

Baruquel	Diez mil mulas y machuelos en que vienen los doctores, boticarios y barberos a no dejaros salud.

Ricardo	¿Y tú sabes más?
Zumaque	Dirélo.

No so tonto, Dios loado.
Bien sabré decir mi cuento.
Érase una prima mía
con quien presto, Dios queriendo,
me tengo de velar.
Dicen que tiene el pergeño
parecido a una Jervilla,
hija de un señor gregüesco.
Pues miren lo que hace el diabro,
hanla quillotrado, y puesto
como reina, porque piensen
que Jervilla no se ha muerto.
Un hijo tiene mi prima,
y a éste, mi antenado, han hecho
atún de Francia... no atún...
¿cuál es un peje ligero
amigo de que le canten?

Ricardo	¿Es delfín?
Zumaque	Delfín le han hecho.
Ricardo	¿Es esto cierto?
Zumaque	Señor,

yo no lo sé, pero es cierto.

Ricardo	Guardad a ésos en mi tienda.
Zumaque	Nosotros nos guardaremos.

Déjenos ir.

Soldado

Por agora,
seréis nuestros prisioneros.

(Llévalos.)

Ricardo

¿Carlos quiere usar conmigo
estratagemas? Maestros
somos en Grecia de engaños.
Querrá fingir que no ha muerto,
publicando que es Sevilla
la villana, aunque con esto
más engañarme podrá.

(Sale el soldado.)

Soldado

Aquí ha llegado un mancebo
que es gallardo embajador
de Carlos Magno.

Ricardo

De medios
querrá tratar. Mi venganza
ha de ser a sangre y fuego.

(Sale Luis, vestido de francés.)

Luis

Carlos, emperador de Roma,
te saluda.

Ricardo

Y yo deseo,
satisfaciendo mi injuria,
despojarle del imperio.
Dadnos asientos.

(Siéntanse.)

Luis   Señor,
a quien coronen los tiempos
de siglos y de blasones,
tan cristianos como eternos,
Carlos Magno mi señor,
cuya fama y cuyos hechos
sobre su misma grandeza
están siempre compitiendo,
admirado está y confuso
de ver que vengan los griegos
con voz de agravios a Francia
siendo amigos, siendo deudos.
Señor, ¿qué Elena os robaron?
¿Qué ley de amistad rompieron?
¿Qué hospedaje os han violado?
¿Qué tálamo os han deshecho?
Cuando mares del oriente
debieran sufrir el peso
de pacíficos bajeles,
dando flámulas al viento;
cuando el águila sagrada
debiera unir sus dos cuellos
para formar de dos mundos
un cuerpo, un reino, un imperio;
cuando tu sangre y la suya,
mezclada en valientes pechos,
debe eslabonar las almas
con un vínculo perpetuo,
gobernados del engaños
de la fama, que mintiendo
suele convertirse en lenguas,

102

¿vestís túnicas de acero?
Si Sevilla algunos años
retirada en los amenos
montes, que estamos mirando,
no sé yo con qué misterio,
depuso la majestad,
ya al trono francés ha vuelto
tan gallarda y tan hermosa
que nos parece que el vuelo
detuvo a la juventud.
Y así, Carlos ha propuesto
la paz, la amistad, la sangre
para excusar por lo menos,
si no muertes lastimosas,
culpa en su defensa; y pienso
que si la campal batalla
queréis reducir a duelo
como gallardos soldados,
aunque emperadores viejos,
fuera gusto para Carlos.
Pero yo no lo consiento;
que soy el delfín de Francia.
Entre mi padre y abuelo
mal permitiré batalla
sin que cueste primero
la muerte a mí, gran señor.

(Levántase y arrodíllase.)

Dad la mano a vuestro nieto.
De Carlos y de Sevilla
soy hijo y los pies os beso
deseoso de serviros
y alegre de conoceros.

(Levántase Ricardo.)

Ricardo   Levanta, joven gallardo,
                          y en engaños lisonjeros
                          no te empeñes; que te mienten
                          atrevidos pensamientos.
                          Murió Sevilla sin hijos.
                          Tu madre, de un carbonero
                          fue mujer, y como acaso
                          dan semejanza los cielos
                          a personas diferentes,
                          alguna en tu madre han puesto.
                          Temió Carlos, porque agora
                          faltan los pares del reino,
                          y se vale del engaño.
                          Reina y delfín os han hecho.
                          Hablen esos dos testigos
                          que la verdad descubrieron.

(Salen Zumaque y Baruquel.)

Baruquel   ¡Qué galán estás, Luisillo!

Zumaque   En lindas bragas han puesto
                          a mi antenado Luis.
                          ¿Cómo estás, borracho?

Luis   Necios,
                          ¿sabéis lo que estáis hablando?

Baruquel   Deja, sobrino, embelecos.
                          Despierta, que estás soñando.

Luis	¡Vive el cielo! ¡Qué ya os creo; que tanta dicha no pudo caber en hombre despierto! Agora entendí el engaño, agora entendí el secreto de llamarme Carlos hijo; vengaréme, ¡vive el cielo! Volveré por el honor de mi madre, que riendo no han de estar de mí en París. Tu soldado soy; prometo de ser un rayo caído de las regiones del fuego.
Ricardo	Y yo prometo mil honras a quien mate al conde Arnesto, señor de Maganza, que es causa de mi sentimiento.
Luis	Bien le conozco, señor, y aun darle muerte deseo por secreta inclinación. Ganar tus honras pretendo. Toca al arma contra Francia; que aunque soy francés, ya tengo griego espíritu y alcanzo ánimo de Aquiles nuevo.

(Vanse. Tocan al arma y salen Carlos, el almirante y el Conde.)

Almirante	El ejército enemigo toca al arma.
Carlos	Ni con ruegos

puedo obligar a los griegos
ni con razón los obligo;
    no creyeron mi embajada
o nuestros designios saben.

Conde
Señor, los medios me acaben;
ya miras tu gente armada
    y ya a campaña salimos.
Morir o vencer conviene.

Almirante
La fingida reina viene
de la manera que vimos
    pintada a Palas. Su tienda
manda poner en campaña
y Blancaflor la acompaña.

Conde
Con ardides no se ofenda
    a Ricardo; que sería
caso de menos valer.
Vuelva al monte esta mujer
a la pobre casería
    donde nació; que es extremo
de temor ese cuidado.

(Aparte.)
(Ya tengo yo averiguado
que es la reina y así temo.)

Carlos
    Si acepta mi desafío,
cesa el temor y el morir.

Conde
¿Y quién lo ha de consentir?

Carlos
El que supiere mi brío.

(Salen Ricardo, soldados, Baruquel y Zumaque.)

Ricardo   Emperador famoso de occidente,
                     que el imperio de Grecia has dividido,
                     si por librar de mi rigor tu gente
                     la batalla a los dos has reducido,
                     en el campo me tienes tan valiente
                     que a las canas llegué sin ser vencido.
                     Retírese tu gente, Carlos, fía
                     que esta señal no pisará la mía.

(Hace una raya con la espada.)

Carlos   Ricardo, a quien respeto y amor debo,
                     como siempre mis causas justifico
                     cuando las huestes belicosas muevo,
                     cuando la guerra y el furor publico,
                     satisfacción te di; que en mí era nuevo
                     el recelo que dices. No me aplico
                     a guerra injusta y a batalla esquiva;
                     mas ésta de mi parte es defensiva.
                         Retírese mi ejército y en tanto
                     que entre los dos esta batalla dura,
                     dénos admiración, dénos espanto,
                     y favor no me dé humana criatura;
                     que por vida juré del cielo santo
                     que a tal inobediencia, tal locura
                     vuelva la espada yo, y el brazo fuerte
                     pague su ayuda con airada muerte.

Almirante   ¿Y quién ha de sufrir teniendo vida
                     verte en batalla a ti? Salga un soldado
                     que de Ricardo este peligro impida
                     y batalla conmigo.

Conde
Y a su lado
saque otro griego aquí; que reducida
a cuatro la batalla, es acertado
que nos miren los dos emperadores
teñir de humana púrpura esas flores.

Carlos
Basta, conde, no más. ¿Tú me gobiernas?
¿Tú me defiendes, bárbaro almirante?
Os cortaré, por San Dionís, las piernas
si en el campo me dais paso adelante.
Ésas que veis, al parecer eternas
montañas, que los hombros, como Atlante,
a los cielos arriman, den primero
su favor a los dos que vuestro acero.

(Tocan, y al acometerse los dos emperadores, sale la Reina con espada y rodela y pónese en medio.)

Reina
¿Qué es esto, emperadores? Paz, ¿qué es esto?
Permitir a mi padre y a mi esposo
tan extraño rigor no fuera honesto
suspendiendo mi brazo generoso
cuando a su pie veloz la edad ha puesto
vuestros cuellos y debe estar ocioso
de las armas el uso en vuestras manos.
Ni reyes mostráis ser ni ser cristianos.
    ¿Y tú, señor, qué intentas si yo vivo?
¡Sevilla soy! ¡Sevilla, ilustre rama
de esa planta infeliz, y de ese altivo
valor, que ha merecido inmortal fama!
De quién su ser me dio, ¿agravios recibo?
Quién hija me llamó, ¿sangre derrama
de franceses? Envaina la cuchilla
que ha sido de dos Asias maravilla.

Ricardo (Aparte.)

(¡Aun su beldad no es trofeo
de la fuerza de los años!
¿Cómo pueden ser engaños
si es Sevilla la que veo?
  Días ha que no la vi
mas las especies no pierdo;
de su rostro bien me acuerdo.
Saldré de dudas así.)
  Carlos Magno, esa mujer
que en paz intenta dejar
la batalla singular,
favor del uno ha de ser.
  Ayuda al que tú quisieres,
porque el otro, ¡vive Dios!
que ha de reñir con los dos.

Reina

Pues, aunque tú, señor, eres
  mi padre, me pongo al lado
de mi esposo. Ven, porfía.

(Pónese al lado de Carlos.)

Ricardo

No tienes tú sangre mía,
villana, pues me has negado.

Reina

Aunque tú me diste el ser,
como padre generoso,
mi mismo ser es mi esposo
y le debo defender
  aunque mi padre sea.
Mi esposo, dueño y señor,
es mi honor y por su honor
contra su padre pelea

quien es honrada, y así
pues uno nos llama Dios,
ni tú riñes contra dos
ni tu hija es contra ti.

Carlos   Emperador, yo no he dado
ocasión para esta guerra;
pero el entrar en mi tierra
pienso dejar castigado.
   Ésta es Sevilla y conmigo
no estará, aunque amor me abrase.
A tu ejército se pase,
hija al fin de mi enemigo.

Reina (Aparte.)   (¿Cómo, cómo? ¿No agradece
que yo me ponga a su lado?
Acabóse lo estudiado
aquí el desengaño empiece.)
   Ricardo, villana soy.
Más mi pergeño no alcanza.

Ricardo   Admiro la semejanza
pero crédito te doy.
   Y pues aumentas la injuria
con engaños, hoy verás
que también aumento das
a mi valor y a mi furia.
   Queda conmigo, mujer,
por imagen de quien eres.
Tendrás cuánto tú quisieres.

Conde (Aparte.)   (¿Esta villana ha de ser
   causa de tantos extremos?)
Si no se va...

Reina	Conde, calla, porque agora en la batalla los dos nos encontraremos.
Carlos	¿Al fin se rompe la guerra y ha cesado el desafío?
Ricardo	No es ya mi gusto.
Carlos	Ni mío.
Ricardo	¡Toca al arma!
Carlos	¡Toca y cierra!

(Vanse. Éntranse tocando al arma unos por una parte y otros por otra, y sale Carlos retirándose de los griegos y de Luis que le salen acuchillando y arrodillando en el suelo.)

Carlos	¡Ah, griegos, perdí el caballo. ¿Quién puede haber que resista todo un escuadrón?
Luis	¡Teneos!

(Pónese a su lado.)

(Aparte.)	(No sé qué estrellas me inclinan a quererle bien, aunque es quien burló mis fantasías. Es mi dueño natural. ¿Qué mucho?)

Soldado	¿Tú no querías admitir honras en Grecia?
Luis	No con ser el homicida de un magnánimo varón. Ese caballo que pisa los cristales de ese arroyo te podrá salvar la vida. Subid, gran señor, en él.
Carlos	Déte el cielo inmensa dicha. Págasme mi amor, Luis.
(Aparte.)	(Tal ánimo y valentía, ¿de villano puede ser? Hijo de veras le diga mi obligación.)
Luis	Sube presto.
(Aparte.)	(Bien le quiero.)
Carlos	Bien me obligas.

(Vase Carlos.)

Soldado	¿Tú le amparas?
Luis	Yo le amparo; que aquellas canas convidan a respeto.
Soldado	Morirás.
Luis	Haré que mi nombre viva.

(Éntranse peleando y salen la Reina y el conde peleando.)

Reina   Ya, Magancés, ha llegado
tu castigo y la ruina
de tus locos pensamientos.

Conde   Mujer, ¿quién te da osadía
contra mi valor?

Reina   El ver
que no hay virtud en malicia
ni valor en la traición.

Conde   Habrá ingenio y habrá dicha.

(Sale Luis.)

Luis   Déjame, señora, a mí
matar a ese hombre, que obligan
las mercedes que Ricardo
por su cabeza publica.

Reina   Deja tú que yo le mate;
dasle honor si determinas
su muerte.

Conde   Los dos seréis
despojos de esta cuchilla;
que no perdona mujeres
una furia vengativa.

Reina   Muera a manos de los dos.

(Éntranse acuchillando y sale Carlos Magno.)

Carlos	En batalla tan reñida ayudar quisiera a todos; que todos a amor me obligan. Por las peñas de este monte un francés se precipita al parecer, que las lises en el escudo traía. Si no me engaño, es el conde, el trance que la desdicha más terrible puede darme será su muerte.

(Baja el conde despeñándose sangriento.)

Conde	La vida de un traidor no está segura; en cualquier parte peligra. El cielo, el mundo y los hombres con razón y con justicia se conjuran contra él. Rabiando acabé la mía.
Carlos	¡Ah, conde!
Conde	¿Es francés quien habla?
Carlos	Sí.
Conde	Yo te ruego que digas a Carlos Magno que muero rabiando, porque a Sevilla levanté aquel testimonio por una venganza indigna,

114

de un desprecio que me hizo
como honrada y atrevida.
A Florante di la muerte
y la reina en sus desdichas
disfrazada ha estado siempre
en estos montes. La misma
que fingió reina, es la reina.
Bien a su hijo acredita
esta muerte que me ha dado
furiosa si merecida.

Carlos   ¿Conócesme?

Conde   No, francés.
Lo que digo no es mentira,
por los cielos, y ya quiero
en las ondas cristalinas
de ese arroyuelo morir,
bebiendo la sangre misma
que yo derramaré en él;
que aunque me falta la vista
oye mi sed su corriente.
Beberé mientras expira
un alma que a Dios no teme
y honras inocentes quita.

(Éntrase cayendo y levantando.)

Carlos   ¡Vida, gloria y honra hallé
cuando lástimas temía.
¿Quién dijera que la muerte
del conde fuera mi vida?
A Sevilla iré buscando.

(Tocan y salen franceses acuchillando a Luis.)

Soldado   No habrá quien tu muerte impida
               pues siendo francés mataste
               al conde.

Luis   No hay quien resista
               mi valor.

(Gritan.)

Soldados   ¡Muera el rapaz!

Carlos   ¡Ay, hijo del alma mía!
               ¡Dejadle!

Soldado   Al conde dio muerte.

Carlos   Hizo bien. Dejadle. ¡Viva!
               Qué es mi hijo.

Soldado   Ya sabemos
               que es fingido.

Carlos   ¿Rebeldías
               conmigo? ¡Por San Dionís!
               ¡Que es mi hijo!

Todos   ¡Viva, viva!

(Éntranse.)

Baruquel   ¡Grandes cosas estoy viendo!

Zumaque	A mí me parecen chicas,
	porque el miedo me ha cegado.
	¿A esto llaman la melicia?

(Tocan cajas y salen Ricardo, la Reina y soldados.)

Ricardo	Toca a recoger y acaba
	la batalla con el día.
	No sea la noche tumba
	de tantas cristianas vidas.

(Sale Luis.)

Luis	Ya, señor, el conde es muerto.

Ricardo	Mercedes es bien me pidas.

Luis	Pido que cese la guerra
	y haya en las dos monarquías
	unión y paz.

Ricardo	Mucho pides.

(Tocan cajas y salen Carlos y el almirante y Blancaflor.)

Carlos	Ricardo, a tus pies se inclina
	Carlos Magno el generoso;
	y la espada no vencida
	postrada besa tus plantas.

Ricardo	¿Qué novedades te obligan
	a tal acción?

Carlos	Es saber

que por mi engaño tu hija
ha vivido en estos montes
y ya a tu lado la miras.
Murió el conde entre mis manos
culpando su alevosía,
y dando satisfacciones
a su honor. Ésta es Sevilla
y Luis mi hijo es aquéste.

(Abraza Carlos Magno a Luis.)

Reina   ¿Conoces esta sortija?
                        Si el cielo mudó en mi rostro
                        las facciones conocidas,
                        estas señas te aseguran
                        que fui villana fingida
                        pero no fingida reina.

Ricardo   Batalla con tanta dicha
                        de ambas partes no se ha dado.
                        Los brazos es bien te pido.

Luis   Y yo a Blancaflor
                        si es que tengo merecida
                        esta merced, padre y rey.

Carlos   Gusto es mío.

Blancaflor   Y dicha es mía.

Almirante   Así se cumplió, condesa,
                        de la docta astrología
                        el prognóstico.

Reina   Y aquí
                         a la gran reina Sevilla,
                         reina de Francia, da fin
                         quien el perdón os suplica.

                         Fin de la comedia

Libros a la carta

A la carta es un servicio especializado para
empresas,
librerías,
bibliotecas,
editoriales
y centros de enseñanza;
y permite confeccionar libros que, por su formato y concepción, sirven a los propósitos más específicos de estas instituciones.

Las empresas nos encargan ediciones personalizadas para marketing editorial o para regalos institucionales. Y los interesados solicitan, a título personal, ediciones antiguas, o no disponibles en el mercado; y las acompañan con notas y comentarios críticos.

Las ediciones tienen como apoyo un libro de estilo con todo tipo de referencias sobre los criterios de tratamiento tipográfico aplicados a nuestros libros que puede ser consultado en Linkgua-ediciones.com.

Linkgua edita por encargo diferentes versiones de una misma obra con distintos tratamientos ortotipográficos (actualizaciones de carácter divulgativo de un clásico, o versiones estrictamente fieles a la edición original de referencia).

Este servicio de ediciones a la carta le permitirá, si usted se dedica a la enseñanza, tener una forma de hacer pública su interpretación de un texto y, sobre una versión digitalizada «base», usted podrá introducir interpretaciones del texto fuente. Es un tópico que los profesores denuncien en clase los desmanes de una edición, o vayan comentando errores de interpretación de un texto y esta es una solución útil a esa necesidad del mundo académico.

Asimismo publicamos de manera sistemática, en un mismo catálogo, tesis doctorales y actas de congresos académicos, que son distribuidas a través de nuestra Web.

El servicio de «libros a la carta» funciona de dos formas.

1. Tenemos un fondo de libros digitalizados que usted puede personalizar en tiradas de al menos cinco ejemplares. Estas personalizaciones pueden ser de todo tipo: añadir notas de clase para uso de un grupo de estudiantes, introducir logos corporativos para uso con fines de marketing empresarial, etc. etc.

2. Buscamos libros descatalogados de otras editoriales y los reeditamos en tiradas cortas a petición de un cliente.

www.ingramcontent.com/pod-product-compliance
Lightning Source LLC
Chambersburg PA
CBHW032040040426
42449CB00007B/963